CAMPAGNES
PHILOSOPHIQUES.

CAMPAGNES
PHILOSOPHIQUES,
OU
MÉMOIRES
DE M. DE MONTCAL,

Aide-de-Camp de M. le Maréchal de Schomberg, contenans l'Histoire de la Guerre d'Irlande.

Par l'Auteur des Mémoires d'un Homme de Qualité.

TROISIE'ME PARTIE.

A AMSTERDAM,
Chez DESBORDES, près la Bourse.

M. DCC. XLI.

CAMPAGNES PHILOSOPHIQUES,
OU
HISTOIRE
DE M. DE MONTCAL,
Aide - de - Camp du Maréchal de SCHOMBERG, tirée de ses propres Mémoires.

Contenant la Guerre d'Irlande.

TROISIE'ME PARTIE.

MADAME de Montcal attendoit mon retour avec une impatience mêlée de crainte. Elle n'étoit pas rassurée sur les fureurs de Mademoiselle Fidert, & quelque inclination qu'elle eût à la servir, il lui manquoit des preuves de son retour à la vertu & à la raison, sans lesquelles il lui paroissoit toujours certain que je ne pouvois la voir sans danger. Elle avoit consenti néanmoins à ma visite, mais elle m'avoit prescrit elle-mê-

III. Partie. A

me les précautions que j'avois à garder; & le souvenir de ma blessure faisoit encore une si vive impression sur elle, qu'elle m'auroit arrêté par ses instances & par ses larmes, si je ne m'étois engagé à lui obéir. Mais lorsqu'elle eût appris avec quelle modération Mademoiselle Fidert m'avoit entendu, elle brûla d'exécuter tout ce qu'elle m'avoit proposé en sa faveur. J'avois déja loué son dessein, & je le confirmai encore par mon approbation. C'étoit de lui faire reprendre les habits de son sexe, & de l'attirer près d'elle pendant la Campagne d'Irlande, dans l'espérance qu'avec tant de jeunesse & de charmes elle ne paroîtroit pas long-tems sans inspirer à quelqu'un le désir de l'épouser. Il n'étoit pas fort à craindre qu'elle fût reconnue dans la confusion de Londres; & pour ne rien négliger, ma résolution étoit d'emmener en Irlande avant le changement ceux d'entre mes domestiques qui avoient connu son sexe, ou qui en avoient eu quelque soupçon. En supposant que l'occasion se présentât de l'établir, nous avions formé le dessein de lui faire une dot considérable, avec des conditions & sous des prétextes qui ne la fissent point rougir de nous avoir obligation. Enfin le cœur de Madame de Montcal, qui ne respiroit que la bonté & la vertu, vouloit se faire une étude du bonheur d'une femme dont notre mariage avoit causé le désespoir.

Nous réglâmes que jusqu'à mon départ, je chercherois moins à l'adoucir par mes visites que par mes bienfaits. La difficulté n'étoit qu'à les lui faire gouter. Une femme que Madame de Montcal avoit à son service, nous parut aussi propre par son adresse autant que par sa fidélité à nouer insensiblement cette espéce de commerce. Mademoiselle Fidert n'avoit point d'autre domestique de son sexe qu'une femme déguisée comme elle, & la seule, avec le valet qu'elle tenoit de moi, qui connût la vérité de sa situation. Je chargeai celle que nous pensions à lui donner, de se présenter de ma part, & de commencer par lui faire entendre, que je ne l'employois que pour former entre nous le lien d'une solide amitié. Quoique pendant mon absence, & depuis mon retour, j'eusse pourvû abondamment aux frais de son entretien, je remis une somme considérable à cette femme, afin qu'elle fût toujours en état de la prévenir dans ses moindres désirs. Elle la reçut d'abord avec quel-

A ij

ques marques de défiance. Mais soit que le plaisir de se rapprocher de nous l'emportât sur le fond d'amertume & de ressentiment qu'elle conservoit toujours, soit que l'adresse de notre confidente triomphât de tous les obstacles, elle accepta ses services. Ainsi nous fûmes fidellement informés de sa conduite & de ses sentimens. Elle étoit constamment ensevelie dans la même solitude, entourée d'une multitude de Livres qu'elle n'ouvroit point, & livrée par conséquent à ses méditations perpétuelles. Les regrets qu'elle laissoit échapper librement devant les domestiques à qui elle avoit donné sa confiance, ne faisoient pas connoître de quelle sorte de mouvemens elle étoit agitée ; c'étoient des plaintes vagues de son sort, & des instances au Ciel pour hâter la fin de sa vie. Mais lorsqu'elle eût commencé à se familiariser avec la femme de chambre que nous lui avions envoyée ; elle l'interrogea sans affectation sur le rapport qu'elle avoit eu avec nous. Elle entra dans les moindres détails sur la conduite que je tenois avec Madame de Montcal, & sur la nature des sentimens que j'avois pour elle. Sa plus vive curiosité étoit d'approfondir si c'étoit l'intérêt ou l'amour qui m'avoit engagé dans le mariage ; & fans expliquer ce qu'elle en vouloit conclure, elle paroiſſoit peſer toutes les réponſes qu'elle recevoit. Aux aſſurances que notre confidente lui donnoit de notre amitié, & du zéle qui nous faiſoit penſer à lui devenir utiles, elle ne manquoit pas de répondre avec chaleur qu'elle nous déteſtoit, & qu'elle ne vouloit ni de nos ſervices ni de nos bienfaits. Cependant après s'être livrée à cet emportement, elle revenoit à ſe plaindre de ma dureté, qui alloit juſqu'à me la faire fuir, & peut-être à me faire regarder ſa vûe comme un tourment. Quelquefois elle prioit la femme de chambre de m'avertir qu'elle avoit quelque choſe de preſſant à me communiquer ; & lorſqu'elle la voyoit prête à partir, elle lui ordonnoit de demeurer. Elle ne ſe laiſſa jamais tenter par la vûe de mille curioſités qui flatent ordinairement le goût des femmes, & que nous avions l'attention de lui envoyer, Madame de Montcal & moi, avec un ordre ſecret à notre confidente de prendre pour elle au moindre ſigne de ſon inclination, tout ce qui paroîtroit lui plaire. Elle refuſoit même de les voir ; & traitant d'importunités tout ce qui étoit capable de la distraire, elle ne souhaitoit que d'être seule & comme abandonnée à elle-même.

M. le Maréchal étant parti, & le Roi se disposant à faire lui-même la Campagne, je me trouvai bientôt dans l'obligation de les suivre. Quelque désir que j'eusse de faire mes adieux à Mademoiselle Fidert, je me déterminai à quitter Londres sans la voir, par la seule crainte de renouveller ses peines, en lui offrant un objet odieux. J'étois si persuadé qu'il n'y avoit que la nécessité de sa situation qui la forçât de recevoir mes bienfaits, que je ne recommendai rien avec tant d'instances à Madame de Montcal, que de lui épargner dans ses services la honte qu'on ressent à dépendre de la générosité d'autrui. Personne n'étoit plus capable que ma femme d'entrer dans ce sentiment ; & si elle avoit approuvé le dessein que j'avois pris de partir sans voir Mademoiselle Fidert, c'est qu'elle le trouvoit favorable à celui qu'elle avoit de l'attirer aussitôt près d'elle. A peine eus-je quitté Londres, avec tous mes anciens domestiques, que lui faisant faire des excuses de la précipitation de mon départ, elle la rejetta sur les ordres pressans de la Cour, qui ne m'avoient pas laissé le tems d'arranger mes propres affaires ; & se flatant, lui fit-elle dire, qu'elle n'auroit point dans mon absence de meilleure amie, ni de compagne plus familiere, elle lui demandoit la liberté de l'interrompre quelquefois dans sa solitude. Au milieu de ses sombres méditations Mademoiselle Fidert avoit été touchée de la constance de nos soins. Elle avoit même distingué ce qui pouvoit passer pour un devoir dans les miens, après le commerce que j'avois eu avec elle, & ce qu'elle ne pouvoit attribuer dans ceux de Madame de Montcal qu'à l'excellence de son caractére. Mon absence servit encore à la lui faire regarder sous une idée moins odieuse que celle d'une rivale qui l'avoit supplantée, & leur sort sembloit devenir égal, lorsque l'une étoit sans mari comme l'autre sans amant. Enfin, après avoir laissé passer quelques jours sans répondre aux politesses & à l'invitation de ma femme, elle prit le parti de lui écrire qu'elle étoit sensible à ses bontés, & qu'elle n'avoit point d'éloignement pour la voir ; mais que dans le déguisement où elle étoit, la bienséance lui permettoit si peu de paroître au milieu d'une grande Ville, qu'elle étoit résolue de se tenir ensevelie dans sa solitude. Madame de Montcal n'attendoit que cette réponse. Elle se hâta de lui rendre une visite, dans laquelle tout ce qu'une femme élevée à la Cour de France peut employer de caresses & d'insinuations pour gagner un cœur, fut heureusement mis en usage. Le plan de faire reprendre les habits de son sexe à Mademoiselle Fidert ne trouva point d'opposition dans son esprit. Au contraire elle ne put apprendre qu'il avoit été formé avec ma participation, sans se rendre enfin à cette preuve de ma bonne foi, & trouvant de la douceur à penser qu'elle alloit vivre habituellement dans ma famille, elle consentit à régler sa conduite par les conseils de Madame de Montcal. Le changement de ses habits ne fut pas différé. Après quelques justes précautions, elle se rendit chez nous comme si elle n'eût fait qu'arriver d'Irlande, & sous la qualité de fille d'un Officier François, née en Irlande depuis la révocation de l'Edit de Nantes.

Cette heureuse fin de tant de peines & de fâcheuses avantures porta la joie de Madame de Montcal jusqu'à me dépêcher un Courrier pour m'en apprendre la nouvelle. J'avois déja joint M. de Schomberg à Oxmanton, où il avoit marqué le quartier d'assemblée. Les Troupes commençoient à s'y rendre de toutes les Garnisons, & sur le bruit de quelques mouvemens des François, nous nous disposions à nous approcher d'eux avant l'arrivée du secours qu'ils attendoient. J'étois avec M. le Maréchal, lorsqu'on vint m'annoncer le Courrier de ma femme. Il me pria de le faire appeller dans sa présence, & par une indiscrétion que toute la familiarité avec laquelle il me permettoit de vivre avec lui ne put me faire supporter sans chagrin, il prit des mains du Courrier les lettres qu'il m'apportoit, pour en considérer l'adresse. Je m'y serois opposé avec beaucoup moins de ménagement, si j'eusse pu m'imaginer que l'une fût de Mademoiselle Fidert. Il en reconnut le caractére, & me remettant celle de ma femme, Oh! pour cette fois, me dit-il, je violerai le droit des gens, sans scrupule. De quelques affaires qu'on puisse vous entretenir dans la lettre que je retiens, elle est moins intéressante pour vous que pour moi. Je vous la remettrai, s'écria-t-il en me quittant, je promets de vous la remettre; mais ce ne sera qu'après l'avoir lûe. Il s'enferma dans un cabinet, tandis qu'incertain de qui cette lettre pouvoit être, & fort satisfait même qu'il m'eût rendu celle de Madame de Montcal, où je m'imaginois qu'étoient les seules affaires que j'eusse quelque intérêt à lui cacher, j'interrogeai le Courrier sur les circonstances qui pouvoient m'éclaircir. Je n'en reçus aucune lumiére. Il avoit reçu sa commission de Madame de Montcal, qui lui avoit remis les deux lettres; & n'étant même qu'un étranger, qu'elle s'étoit procuré pour ne se pas priver de ses domestiques, il ne put me faire aucun détail qui concernât ma maison.

Je trouvai dans la lettre de ma femme un recit fort étendu des moyens qu'elle avoit employés pour gagner l'amitié de Mademoiselle Fidert, & du bonheur qu'elle avoit eu d'y réussir. Elle se promettoit de tirer d'elle autant d'agrément qu'elle vouloit lui en faire trouver dans leur liaison, & l'essai qu'elle en avoit fait répondoit déja à toutes ses espérances. Il est étrange que cette lecture même ne m'ouvrît pas les yeux, & qu'après l'avoir finie, je ne fusse pas porté à deviner plus juste de qui me venoit la seconde lettre. Quoi! l'aurois-je crûe effectivement de Mademoiselle Fidert?

Je ne pouvois attendre d'elle une lettre de reproches & d'injures, lorsqu'elle s'étoit déterminée à vivre avec Madame de Montcal; mais fiére comme je la connoissois, & si éloignée de m'avoir donné les moindres marques de reconciliation depuis mon mariage, quelle apparence d'en recevoir si-tôt des témoignages d'amitié ou des politesses? Enfin mes soupçons mêmes ne s'étoient point tournés de ce côté-là; & lorsque M. le Maréchal sortant d'un air enjoué me demanda en grace de lui rendre sa parole, c'est-à-dire, de ne point exiger qu'il me restituât ma lettre, & de se contenter de l'Extrait qu'il m'en alloit faire, j'attendis encore la suite de ce discours comme l'explication d'un mystére. On vous écrit, me dit-il, que jusqu'à votre retour, on est forcé de se rendre aux bontés de Madame de Montcal, & qu'oubliant enfin le mal & les outrages qu'on a reçûs de vous, on accepte un logement dans votre maison. Vous êtes trop heureux, reprit-il vivement; mais comme je ne vous crois point dans le goût d'un double bonheur, je vous demande aujourd'hui avec plus d'instances que jamais de ne me pas nuire dans l'esprit de Mademoiselle Fidert;

& sans vous quereller sur vos dissimulations, dont je ne veux pas pénétrer le mystére je vous déclare que je mets toute ma confiance dans votre amitié. Le voile se rompant ainsi malgré moi, je répondis avec quelques marques de confusion que je n'étois informé qu'au même moment, comme lui, d'une si étrange nouvelle, & qu'il ne pouvoit douter du zéle que j'aurois toujours à le servir. Cependant s'il ne trouva point dans ma réponse un air de sincérité capable de le persuader, il y avoit encore moins de disposition dans le fond de mon cœur à lui rendre désormais un service de cette nature. L'engagement du mariage, & l'exemple continuel que j'avois dans les vertus de mon épouse, m'avoient fait changer d'idée sur mille points de morale pour lesquels j'avois souvent manqué de respect dans ma jeunesse ; & quand je n'aurois pas eu pour frein le projet de Madame de Montcal, je ne me sentois plus la même inclination pour quantité de plaisirs qui me sembloient encore moins excusables à l'âge de M. de Schomberg qu'au mien.

Ce que je trouvai de plus étrange dans ses nouvelles espérances, ce fut que le Roi étant arrivé au Camp peu de jours après, il se hâta de lui apprendre que Mademoiselle Fidert étoit retrouvée, & qu'il se flatoit que les soupers de Croydon recommenceroient avec un nouveau goût l'hiver suivant. Ce Prince parut sensible à cette nouvelle. Mais tandis qu'ils me forçoient l'un & l'autre de leur raconter une partie de la vérité, & que loin de sentir diminuer leur estime pour la jeune Irlandoise, ils paroissoient charmés du tour romanesque qu'ils trouvoient dans toutes ses avantures, je faisois partir pour Londres le Courrier de Madame de Montcal, avec deux lettres, où j'apprenois à Mademoiselle Fidert, comme à elle, l'accident qui avoit trahi notre secret. Cette précaution devint bientôt d'autant plus nécessaire que M. le Maréchal se défiant un peu de mes promesses, dépêcha secretement à Londres un homme de confiance pour recommencer les soins & les instances de l'amour auprès de Mademoiselle Fidert. J'ignore quelle étoit particuliérement sa commission, mais je fus informé trois semaines après que ce Mercure avoit été trompé dans ses espérances par un changement que M. de Schomberg n'avoit pas prévû. Etant arrivé à Londres, il ne manqua point de se présenter à Madame de Montcal, à qui il feignit d'autant plus naturellement que je l'avois chargé de rendre ce devoir, que s'il ne lui apportoit point de mes lettres, il lui donna pour raison qu'elle en avoit dû recevoir deux jours auparavant par son Courrier. M. le Maréchal, qui n'avoit pas manqué de l'en instruire, s'étoit imaginé avec moins de fondement, que Mademoiselle Fidert étoit chez moi dans son déguisement ordinaire, & sous le nom qu'elle avoit porté à Croydon. Son Messager ayant demandé de ma part à la saluer sous ce nom, c'en fut assez pour faire juger à ma femme qu'il étoit venu avec d'autres ordres que les miens; & ma lettre lui avoit appris ce qu'elle avoit à redouter de M. de Schomberg. Sa réponse fut, qu'elle n'avoit personne chez elle qui portât ce nom. La crainte de se trahir, empêcha le Messager de M. le Maréchal de la presser. Il garda ensuite les mêmes ménagemens, en demandant Mademoiselle Fidert aux domestiques. M. de Schomberg lui avoit recommandé de ne pas exposer le secret du déguisement par des questions imprudentes. Enfin, ne trouvant rien qui ressemblât à ce qu'on lui avoit représenté, & n'ayant pas même apperçû chez moi d'autres hommes que les domeſtiques; il écrivit à M. le Maréchal qu'il s'étoit trompé dans l'opinion qu'il avoit de la demeure de Mademoiſelle Fidert, & que dans quelque lieu qu'elle fût, il ne paroiſſoit point qu'elle eût la moindre liaiſon avec Madame de Montcal.

Cette lettre donna lieu entre M. de Schomberg & moi à des explications qui ne me cauſerent pas moins d'étonnement qu'à lui. Il s'imagina d'abord que l'envie de le traverſer m'avoit déja fait éloigner Mademoiſelle Fidert de ma maiſon; & voulant mettre ma bonne foi à l'épreuve, il me demanda ſimplement ſi elle s'accommodoit bien de la ſociété de mon épouſe. N'ayant plus rien à lui déguiſer, je l'aſſurai que Madame de Montcal ſe louoit extrêmement d'une compagne ſi aimable. Il eſt donc vrai, reprit-il, qu'elle demeure chez vous? Oui, répondis-je, ſans balancer. Ah! Montcal, interrompit-il bruſquement, je ne mérite point que vous vous faſſiez une étude de me tromper. Ce jeu a duré trop long-tems; & ſi vous aviez pour moi la moindre partie de l'attachement dont je me ſuis flaté, vous choiſiriez du moins, pour vous faire un amuſement de ma peine, quelque occafion à laquelle je fûsse moins sensible.

Je lui marquai d'un ton aussi sérieux que le sien toute la surprise que je ressentois de ce langage. Et renouvellant l'aveu que je lui avois déja fait de mes premiéres dissimulations, je lui protestai que depuis ce tems-là je n'avois rien à me reprocher. Ses plaintes recommencerent encore, avec tant d'obscurités, & même de contradictions pour moi, que l'ayant conjuré enfin de me faire connoître des crimes dont je m'étois rendu coupable apparemment par quelque imprudence, je l'engageai à me raconter ce qu'il avoit entrepris pour satisfaire sa passion. Il me fit lire la lettre de son Agent. Elle étoit si formelle, & la réponse de Madame de Montcal autant que les recherches & les informations dont il s'étoit occupé pendant quinze jours, sembloient des preuves si infaillibles, que ne pouvant attribuer ce malentendu qu'aux précautions dont ma femme avoit usé pour cacher son amie, je retombai dans un autre embarras par la crainte de m'être trop ouvert, & de ne pouvoir plus distinguer les bornes où je devois m'arrêter. Le parti que je pris fut de me fixer à ce qu'il y avoit de plus clair pour moi-même dans cet incident.

Je proteſtai à M. de Schomberg que n'ayant point eu d'autres lumieres que celles qu'il s'étoit procurées comme moi en ouvrant la lettre de Mademoiſelle Fidert, il ne me reſtoit point d'éclairciſſement à lui donner, ni d'autre réponſe à faire à ſes plaintes. Mais ce n'étoit pas détruire le ſoupçon qu'il avoit des nouvelles meſures, que j'avois pu prendre depuis ce tems-là, pour écarter l'objet de ſon amour, & mon embarras n'ayant fait qu'augmenter ſes défiances, il ſe crut autoriſé à me cacher déſormais toutes ſes vûes, comme il m'accuſoit de lui déguiſer les miennes.

Cependant notre Armée groſſiſſant tous les jours par la jonction des Troupes les plus voiſines, le Roi qui étoit réſolu de faire la Campagne avec nous, ſans ôter à M. de Schomberg le commandement général, nous fit avancer vers Atherton, où il craignoit que l'ennemi ne reprît le poſte qui l'avoit mis ſi heureuſement à couvert l'année précédente. Tous leurs retranchemens s'étoient ſi bien conſervés pendant l'hiver, qu'avec un peu de diligence pour s'y renfermer, ils nous auroient jettés dans les mêmes difficultés qui avoient rompu les meſures de M. le Maréchal; ſans compter un autre avantage de ce poſte, qui étoit de leur aſſurer conſtamment une communication libre avec la mer. Mais le nombre de leurs Troupes étoit tellement diminué par diverſes maladies, que dans l'attente où ils étoient d'un ſecours conſidérable, ils ne paroiſſoient pas diſpoſés à s'éloigner ſitôt de leurs quartiers. M. de Schomberg qui ne penſoit point à tirer avantage de la ſituation d'un Camp, fit détruire tous les retranchemens d'Atherton; & ſe plaçant au contraire dans une plaine fort ouverte, entre l'ennemi & ce poſte, il parut s'occuper des moyens de l'accabler, lorſqu'il commenceroit à tenir la Campagne.

Le Roi étoit demeuré à Oxmanton, avec quelques Régimens de Cavalerie qu'il n'avoit conſervés que pour ſa garde. Nous n'en étions qu'à douze milles, & le chemin étant libre de ſon Camp au nôtre, M. le Maréchal avoit auſſi peu d'inquiétude pour lui que pour nous-mêmes. Cependant dès le troiſiéme jour après notre ſéparation, divers Courriers arrivant à toutes brides, nous apprirent que la Perſonne du Roi avoit été dans le dernier danger, par la trahiſon de deux François, qui avoient entrepris de l'enlever ou de le tuer la nuit d'auparavant. L'ordre que ce Prince envoyoit particuliérement à M. le Maréchal étoit, de faire partir un détachement de Dragons pour couper le paſſage à un parti d'environ cent hommes, qui avoient eu la hardieſſe d'attenter à la vie de Sa Majeſté ſous la conduite des deux François, & qui avoient pris vers Inſtingine pour regagner apparemment le bord de la mer. Les deux Chefs ayant été arrêtés, on eſpéroit de pénétrer mieux le fond de ce complot ; mais le Roi faiſoit marquer à Monſieur de Schomberg une vive paſſion de ſe ſaiſir, ou de mettre en piéces tout ce qui s'étoit échappé d'un parti ſi audacieux. Le Régiment de Banſteck fut commandé auſſitôt pour cette Expédition, & tout le reſſentiment qui reſtoit contre moi à M. le Maréchal, ne l'empêcha point de me députer au Roi, avec diverſes propoſitions pour la ſûreté de ce Prince. Dans l'incertitude des diſpoſitions du peuple, ſur-tout au milieu d'une Province, où les Emiſſaires du Roi Jacques n'avoient rien épargné pour remuer les eſprits en ſa faveur, M. de Schomberg conſeilloit au Roi de ſe ſéparer le moins qu'il pourroit du Corps de l'Armée ; & ce conſeil étoit d'autant plus défintéreffé, que la préfence du Maître fembloit devoir néceffairement diminuer la confidération & l'autorité du Général. Auffi prétendoit-on que le Roi, qui avoit autant d'eftime que d'amitié pour M. de Schomberg, n'étoit demeuré après nous que pour lui laiffer toute la liberté de fuivre fes propres vûes. Une autre précaution que j'avois ordre d'infpirer fecretement à Sa Majefté regardoit un Régiment de Cavalerie Irlandoife, pour lequel ce Prince affectoit une confiance fpéciale, dans la vûe de fe concilier la Nation. Le fentiment de M. le Maréchal étoit que dans des circonftances où les reffources les plus sûres étoient celles de la force, il ne falloit point s'arrêter à des voyes douteufes. Tout lui paroiffoit fufpect en Irlande. Il vouloit que la Garde du Roi ne fût compofée que d'Anglois & de François Proteftans, & qu'il ne fe laiffât point approcher par d'autres Troupes.

Le Roi parut recevoir avec plaifir ce que le zéle de M. le Maréchal lui adreffoit par ma bouche ; mais en me marquant fa fatisfaction, il ne s'ouvrit point à moi fur le parti auquel il vouloit s'arrêter. Cependant quand la fuite de cette fanglante Campagne n'auroit pas juſtifié les conſeils que je lui apportois, les lumieres préſentes que j'eus le bonheur de lui procurer devoient lui faire ſentir qu'il n'en avoit point de meilleur à ſuivre dans les périls continuels où il étoit venu s'expoſer. Après m'avoir raconté par quel bonheur il étoit échappé à l'entrepriſe qu'on avoit formée contre lui, & que le mur de ſa chambre ayant été percé, il s'étoit heureuſement réveillé au bruit d'une brique que les deux François avoient fait tomber, en paſſant par la bréche, il me propoſa de les voir dans la priſon où ils étoient renfermés, pour découvrir qui ils étoient, & quel étoit le fond de leurs motifs, en attendant qu'on leur arrachât cette confeſſion par d'autres voyes. J'acceptai volontiers cette commiſſion. Mais quoiqu'ils ſe fuſſent déclarés François, dès la première interrogation, & qu'ils parlâſſent fort bien notre Langue, je ne fus pas long-tems avec eux ſans reconnoître qu'ils étoient Irlandois. Ils s'obſtinerent néanmoins à le déſavouer. Mais outre la teinture étrangére, qui ne pouvoit tromper facilement l'oreille d'un François, je les forçai enfin de me confeſſer leur patrie, en leur proteſtant que la seule infamie de charger ma nation de leur crime, m'alloit faire solliciter leur supplice; au lieu que j'aurois pu m'intéresser pour leur grace, & faire passer leur entreprise pour une action réglée, sur-tout s'ils étoient anciennement dans le parti du Roi Jacques, parce que la résolution du Roi Guillaume étoit de ne traiter en rébelles que ceux qui avoient pris les armes contre lui depuis la descente des François en Irlande. Ce langage les fit repentir de leur imposture. Ils se nommoient, l'un *Ross*, & l'autre *Harryfitz*. Celui-ci, qui me parut le plus adroit & le plus déterminé, me raconta qu'ayant suivi Jacques Stuart dès le premier jour de sa fuite, il n'en étoit pas beaucoup plus avancé pour sa fortune. On n'étoit pas libéral à la Cour de Saint Germain. L'année précédente, qui étoit 1689, il avoit formé avec Ross une Compagnie de cent hommes, les plus braves, me dit-il, d'entre tous les Irlandois qui s'étoient réfugiés en France & dans les pays-bas. Mais quoiqu'ils fussent nés presque tous au-dessus de la condition de soldats, il n'avoit pu obtenir pour eux une autre paye que celle du commun de l'Infanterie, & bientôt même on leur avoit proposé de les incorporer dans les Régimens de la Nation qu'on avoit formés nouvellement en France. Cette loi leur avoit paru si dure que, lorsqu'il avoit été question de l'embarquement, ils avoient mieux aimé passer la mer à leurs propres frais, & venir servir leur Maître en Irlande, sans autre vûe que le devoir & l'honneur. Ainsi n'étant point assujettis à la discipline commune, ils ne formoient proprement qu'un parti, avec la dépendance générale qu'ils conservoient néanmoins pour M. de Berwick & les principaux Officiers de l'Armée Françoise. C'étoit Harryfitz qui avoit entrepris l'année précédente d'enlever l'Artillerie de M. de Schomberg, ou du moins qui avoit servi de guide à Mylord Douglas. C'étoit lui & ses Compagnons qui l'avoient enclouée. Ils avoient contribué plus que tout l'argent de France à soutenir le courage & l'espoir dans le cœur des Jacobites d'Irlande; & sans le bonheur que le Roi Guillaume avoit eu de se réveiller, il seroit tombé infailliblement dans leurs mains la nuit précédente.

En effet leurs mesures avoient été prises avec tant d'adresse & de succès, que le Roi ne leur étoit échappé que par une faveur extraordinaire de la fortune. Les intelligences qu'ils avoient dans Oxmanton leur en ayant facilité l'accès pendant la nuit, ils avoient laiſſé leurs gens à quelque diſtance du Bourg, & ſuivis de quatre ſeulement des plus réſolus, ils s'étoient introduits dans une maiſon qui touchoit, non à celle où le Roi étoit logé, mais à la quatriéme d'après, ſur la même ligne. Ils avoient percé les murs de maiſon en maiſon, juſqu'à celui qui touchoit à la chambre du Roi. Des précautions priſes de ſi loin n'ayant pu cauſer d'allarme à perſonne, ils avoient eu la même facilité à percer le mur du Roi, & les deux Chefs s'étoient déja introduits dans ſa chambre. Leur eſpérance étoit de l'enlever dans ſon lit, de le forcer au ſilence par la crainte de la mort, & de le conduire par tous les trous qui leur avoient ſervi de paſſage juſqu'à la derniére des quatre maiſons, où ils avoient poſté une voiture prête à le recevoir. Le reſte de l'expédition paroiſſoit ſans difficulté, & le Roi ſe ſeroit trouvé peut-être au milieu des Troupes Françoiſes avant que les ſiennes ſe fuſſent apperçûes de ſon enlévement. Mais la chûte d'une brique qui réveilla heureuſement ce Prince,

lui

lui donna le tems d'appeller à son secours; & les quatre soldats qui éclairoient à la bouche, ne voyant plus de sûreté qu'à fuir avec les habitans des quatre maisons, Rofs & Harryfitz n'eurent ni le tems de s'approcher du Roi, qui avoit gagné auſſi-tôt un cabinet, ni aſſez de préſence d'eſprit pour retrouver dans l'obſcurité le trou par lequel ils s'étoient introduits. Il falloit que leurs préparatifs euſſent été bien infaillibles, puiſqu'en s'appercevant auſſi-tôt de leur route, il fut impoſſible d'arrêter aucun de leurs complices, ni même un ſeul des habitans de chaque maiſon, dont on avoit eu ſoin à la vérité de faire partir les femmes & les enfans à l'entrée de la nuit. Il n'avoit pas été difficile, en faiſant marcher le matin à la découverte, de s'aſſurer qu'on avoit vu dans le voiſinage du Bourg une embuſcade de cent Cavaliers; mais on n'avoit encore rien appris des deux Chefs qui s'étoient obſtinés au ſilence, & qui avoient cru rendre ſeulement leur entrepriſe moins odieuſe, en ſe déclarant François.

Une confeſſion ſi ſincére m'auroit diſpoſé effectivement à les favoriſer dans le rapport que j'en devois faire au Roi;

III. Partie. B

si je n'eusse déja remarqué que tous les Anglois étoient déchaînés contr'eux, & que je ne pouvois par conséquent m'intéresser en leur faveur, sans m'exposer moi-même à de fâcheux soupçons. Mon intérêt demandoit au contraire que je me fisse honneur de ma découverte, & je devois sur-tout révéler au Roi que de quelque œil qu'il pût regarder l'attentat qu'on avoit formé contre sa Personne, ce n'étoit pas sur les François qu'il devoit tourner son ressentiment. Le tempérament que je pris entre ces extrémités, fut de lui apprendre que ses deux ennemis étoient Irlandois, mais attachés de tout tems au Roi Jacques; & par le recit que je fis de leurs vûes, je donnai plutôt une haute idée de leur courage dans une entreprise où ils ne s'attendoient à rien moins qu'à faire le Roi Prisonnier au travers de mille périls, que je ne les fis soupçonner du lâche dessein de l'assassiner dans son lit. Et j'étois persuadé en effet que loin d'en vouloir à sa vie, ils auroient mis leur gloire à le conduire au Camp du Duc de Berwick. Cependant ils n'en furent pas moins jugés avec toute la rigueur des loix contre la haute trahison, & M. de Schomberg fut d'avis lui-même qu'ils ne pouvoient être sauvés du supplice. Sa décision lui couta cher avant la fin de cette malheureuse Campagne. Le jour marqué pour l'exécution, Harryfitz s'échappa avec une merveilleuse adresse du cachot où il étoit renfermé, & Roff paya seul pour l'un & l'autre.

Notre Armée étoit déja de quarante mille hommes, & quoique le secours attendu des François fût enfin arrivé sous le commandement du Comte de Lauzun, n'étant que de huit mille hommes, il releva peu le courage des Jacobites. Tous leurs efforts & leurs prétendues intelligences n'avoient pu rassembler depuis le commencement de la Guerre qu'environ trente mille Irlandois, dont le tiers avoit péri au siége de Londondery, ou par les maladies qu'ils avoient essuyées à la fin de l'hyver. Les premiers secours de France, qui n'avoient pas été plus nombreux que le dernier, étoient aussi fort diminués par les mêmes accidens; de sorte que le Comte de Lauzun, qui prit le commandement sous les ordres du Roi Jacques, n'avoit pas trente mille hommes sous les siens; tandis qu'avec une supériorité déja réelle, nous avions l'espérance de la voir augmenter de jour en jour par la jonction

B ij

des zélés Protestants, qui nous arrivoient de toutes les parties du Royaume. Le Brigadier Worſley fut détaché par M. le Maréchal, avec sept cens hommes d'Infanterie, & trois cens chevaux pour obſerver les premiéres marches de l'ennemi. Il rencontra leur avantgarde, qui trompée par le bruit qui s'étoit répandu, que nous nous étions renfermés dans le Camp d'Atherton, s'avançoit ſans précaution vers Bilingargy, autre poſte, dont la ſituation pouvoit être pour eux d'un extrême avantage. Worſley, qui pénétra leur deſſein, conçut qu'il devoit tout riſquer pour le prévenir. L'inégalité du nombre pouvoit être réparée par la ruſe. Il s'embuſqua ſi avantageuſement qu'ayant ſurpris l'ennemi dans le déſordre d'une marche libre & negligente, il le mit en fuite, après lui avoir tué plus de ſix cens hommes. Il s'empara auſſitôt du Château de Bilingargy, place importante par la bonté du pays qu'elle commandoit, & d'où nous pouvions tirer continuellement nos vivres. De ſon côté M. le Maréchal ſurprit Charlemont, où les Jacobites avoient un magazin d'armes, & d'où ils pouvoient s'ouvrir à tous momens la route de Dublin. Le

Roi, accompagné du Prince de Danemark, rejoignit enfin le corps de l'Armée. Mais apprenant aussi-tôt que l'ennemi s'étoit avancé à Kanan, où il étoit encore important de ne pas lui laisser le tems de se fortifier, il prit la résolution de l'attaquer dans ce poste. Nous n'en étions qu'à treize mille, & le reste du jour paroissoit suffir, avec une partie de la nuit suivante pour nous trouver le lendemain à la vûe de l'Armée Jacobite. Mais le hazard m'avoit fait remarquer, en exécutant quelques ordres de M. le Maréchal, une gorge si étroite sur la route, qu'il me parut impossible que notre marche pût se faire avec cette facilité & cette diligence. Il étoit si dangereux néanmoins que l'ennemi pût être averti de notre dessein avant que nous fussions au de-là du défilé, que je me hâtai de faire cette objection au Roi. Elle lui auroit fait changer de projet, si le Brigadier Worsley ne lui eût proposé un autre moyen de l'exécuter. C'étoit de lui confier dix mille hommes de nos meilleures Troupes, qu'il crut suffisans pour battre un corps d'Armée sans discipline, & presque sans armes, sur-tout, lorsque pouvant s'avancer avec toute la promptitude qu'on s'étoit d'abord proposée, il les surprendroit dès la pointe du jour, au moment qu'ils seroient sans défiance. Quelque hardiesse qu'il y eût dans cette proposition, l'idée qu'on avoit de la conduite & du courage de Worsley la fit accepter. Le Roi Jacques étoit en personne à Kanan, mais il n'avoit avec lui que ses Irlandois; & le Comte de Lauzun, qui avoit senti de quelle importance il étoit de reprendre Charlemont, s'étoit détaché avec ses François pour observer cette place. Ceux qui ont voulu diminuer la gloire de Worsley, ont prétendu qu'il étoit informé de cette division de l'ennemi, & qu'il n'avoit garanti le succès de son entreprise que sur des lumiéres dont il s'étoit réservé la connoissance. Quelque idée qu'on en prenne, rien n'est si honorable pour cet Offier que la confiance avec laquelle on le crut capable d'exécuter à la tête de dix mille hommes, ce que le Roi n'avoit eu dessein d'entreprendre qu'avec toute son Armée.

M. de Schomberg à qui j'ai déja remarqué que ses chagrins amoureux ne faisoient perdre aucune occasion de travailler à mon avancement, vanta beaucoup au Roi l'expérience que j'avois dans la Cavalerie; & le faisant souvenir qu'il s'étoit bien trouvé de m'avoir employé, il l'engagea à me charger du commandement des trois mille chevaux que Worsley avoit demandés pour son expédition. Nous partîmes sur le champ, après avoir eu la précaution de nous faire précéder par quelques Coureurs. L'utilité que nous en tirâmes, fut d'être avertis avant la nuit que le Duc de Berwick marchoit vers Kanan avec un corps de deux mille hommes, qu'il nous auroit été facile de tailler en piéces avant qu'il pût joindre le Roi Jacques. Mais quoiqu'un renfort arrivé si heureusement à l'ennemi augmentât le péril & les difficultés de notre entreprise, Worsley comprit que nous ne pouvions le charger sans abandonner notre principal dessein; & résolu de braver tous les événemens, il nous fit attendre au contraire à passer le défilé, que le Duc fût assez éloigné pour ne prendre aucun soupçon de notre approche. La nuit nous devint si favorable, par un clair de lune, qui dura jusqu'à trois heures, qu'étant arrivés presqu'à la vûe de l'ennemi avant l'obscurité, nous eûmes le tems de nous reposer près d'eux jusqu'à la pointe du jour. Nous ne connoissions point assez

B iiij

leur situation pour hazarder notre attaque dans les ténébres ; mais négligeant avec Worsley le repos que nous faisions prendre à nos Troupes, nous fûmes à cheval tout le reste de la nuit pour attendre les premiers rayons du jour, qui devoient servir à nous faire juger des circonstances, & à régler nos résolutions. Il nous fut aisé de reconnoître que les ennemis n'étoient défendus que par un foible retranchement, dans lequel même le Duc de Berwick n'avoit pas eu le tems de se renfermer avec ses deux mille hommes. Quoique le terrain parût fort uni, il avoit un penchant imperceptible, qui faisoit qu'à une certaine distance de la ville sous les murs de laquelle l'ennemi étoit campé, l'Horizon étoit borné tout d'un coup ; & c'étoit sur cette espéce de sommet que nous avions fait reposer nos Troupes. Worsley me fit ranger ma Cavalerie sur les deux aîles à l'extrémité où commençoit la descente ; & n'ayant pas donné beaucoup d'épaisseur à mes rangs, ils se présentoient d'un côté & de l'autre avec l'apparence d'un corps formidable. Le jeune Lord Dungary qui s'étoit déja fait de la réputation dans la Cavalerie, étoit à l'aîle gauche, avec l'ordre qui nous étoit commun de fondre chacun de notre côté sur les deux mille hommes du Duc de Berwick, qui formoient comme la tête du Camp, tandis que notre Infanterie s'avançant vers le centre, ou les tailleroit en piéces, ou les forceroit de passer le retranchement avec une confusion qui n'en porteroit pas moins dans l'Armée qu'ils avoient derriere eux. Il est certain qu'ils n'avoient encore aucun pressentiment de notre approche, lorsque nous commençâmes à nous mettre en marche; & leur sécurité devoit être extrême, puisqu'ils avoient négligé d'avoir des gardes avancées. Mais le Duc de Berwick, qui avoit déja toute l'ardeur & toute l'intelligence d'un Grand Général, étoit venu de grand matin pour faire ouvrir un second retranchement qui enfermât les Troupes. Quand le jour n'auroit pas été bien-tôt assez clair pour lui faire découvrir le péril qui le menaçoit, le bruit de nos Trompettes & de nos Tambours que nous affectâmes de faire entendre, lorsque nous nous crûmes à portée d'être apperçûs, ne lui auroit laissé aucun doute qu'il ne fût au moment d'une sanglante attaque. Loin de se déconcerter il comprit en habile homme qu'il ne pouvoit lâcher un pouce de terrain, sans jetter le trouble derriére lui, & que le plus grand service qu'il pût rendre aux Troupes du Roi son pere, étoit de soutenir notre premiere attaque, pour leur donner le tems de sortir du sommeil & de se mettre en état de défense. Il eut même tant d'activité & de présence d'esprit, que changeant l'ordre du travail qu'il avoit déja donné aux siennes, en préparation pour le combat, il se trouva prêt à nous recevoir d'assez bonne grace pour nous tromper dans une partie de nos espérances.

Cependant comme il étoit impossible qu'il soutînt long-tems nos efforts, ses gens à qui il ne s'offroit point d'autre voye pour sauver leur vie que de se précipiter de l'autre côté du retranchement, y causerent tout l'embarras que nous avions esperé; ce qui n'empêcha point que Macarty, qui commandoit le Camp sous les ordres du Roi, ne tirât tout le parti qu'il put de sa situation pour se défendre, tandis que le Duc de Berwick, secondé de ses plus braves Officiers, faisoit encore des prodiges de valeur pour retarder notre impétuosité. Mais son cheval ayant été tué sous lui, à peine en eut-il repris un autre qu'il

fut blessé dangereusement à la cuisse; &
n'ayant plus d'autre parti à prendre que
de passer le retranchement, sa retraite &
la vûe de sa blessure y causerent plus de
désordre que la fuite précipitée de ses
gens. Worsley me chargea de tenir ma
Cavalerie en bon ordre sur le bord du
retranchement; & ne pensant qu'à pénétrer dans le Camp, il y auroit porté infailliblement le carnage & l'horreur, si
les mêmes Coureurs qui nous avoient
avertis la veille de l'arrivée du Duc de
Berwick, & qui avoient continué leurs
observations pendant toute la nuit, n'é-
toient venus l'avertir encore que le
Comte de Lauzun revenoit au Camp
avec ses huit mille François, & n'en
étoit pas plus d'à deux milles. Il n'y
avoit ni prudence ni valeur qui pût nous
servir dans un danger si pressant. Outre
la différence que nous devions mettre
entre des Troupes aussi-bien disciplinées
que celles de France, & celles que nous
étions déja sûrs de mettre en déroute,
il y avoit si peu d'apparence que nous
pussions nous défendre, lorsque nous
serions pris à dos par le Comte; ou que
nous divisant, nous pussions être assez
forts pour lui faire tête, que Worsley
tourna toute son attention à nous dé-

robber par une prompte retraite. Il frémiffoit de rage. Soutenez-moi, me dit-il; nous ferons peut-être affez heureux pour paffer le défilé d'Ofdtock, avant que nos Ennemis fe foient affez reconnus pour nous pourfuivre. Son Infanterie, qui n'attendoit qu'un figne pour forcer le retranchement, fut étrangement furprife de l'ordre qu'elle reçut de tourner le dos au Camp. Worfley fe garda bien de donner un air de précipitation à fa retraite. Mylord Dungary demeura ferme fur le bord du retranchement, tandis que je faifois vis-à-vis de lui la même contenance. Enfin nous étant repliés fur la queue de l'Infanterie, je commençai à croire que l'Ennemi fort fatisfait de notre réfolution nous laifferoit la liberté de nous éloigner tranquillement.

Mais le Duc de Berwick, qui avoit paru oublier fa bleffure pour aider Macarty à mettre fes Troupes en bataille dans leur Camp, ne manqua point d'attention pour le mouvement qu'il vit faire aux nôtres. Sans pénétrer le deffein qui nous faifoit abandonner notre entreprife, il comprit que cette retraite précipitée n'étoit pas fans miftere, & qu'avec la fupériorité qu'il avoit fur nous par le nombre, il pouvoit nous faire payer cher l'affront qu'il venoit de recevoir. Je n'ai pas sçû s'il se donna le tems de faire panser sa blessure; mais paroissant à la tête de l'Armée, aussi-tôt qu'elle fut sortie du Camp, il nous pressa bien tôt si vivement, qu'à moins de nous abandonner ouvertement à la fuite, nous ne vîmes aucune apparence d'éviter le Combat. Il ne nous resta qu'à choisir, pour faire face, l'endroit qui pouvoit nous être le plus avantageux par sa situation. Cependant Worsley accourant à moi, me donna ordre d'ouvrir ma Cavalerie, suivant la même méthode dont nous étions convenus pour forcer le Duc de Berwick, & de nous avancer, Mylord Dungary & moi, sur les deux aîles au moment de l'attaque, pour prendre des deux côtés l'Ennemi en flancs, & le rompre à grands coups de sabre. Il demeura ferme lui-même à la tête de son Infanterie, tandis que les Jacobites s'avançoient en bon ordre. La première décharge se fit de part & d'autre avec trop de confusion pour causer beaucoup d'effet, & dans les vûes des deux Généraux la mêlée ne pouvoit être trop tôt engagée. Effectivement tandis que Worsley comptoit sur le mouvement de notre Cavalerie, le Duc de Berwick qui s'é-

toit défié de notre deſſein , & qui étoit
aſſez ſupérieur en nombre pour faire
l'emploi qu'il jugeoit à propos d'une
partie de ſes Troupes, avoit rangé ſon
arriere-garde ſous la forme des deux
branches d'un Y Grec , avec ordre à
chaque branche de ſe replier en cercle
ſur les flancs de ſon Corps de Bataille,
pour envelopper notre Cavalerie, lorſqu'elle en viendroit à l'exécution de
notre projet. Je compris le ſien au premier mouvement que je vis faire à ſon
arriere-garde ; mais eſpérant d'avoir mis
le Corps de Bataille en déſordre, avant
qu'elle pût nous ſerrer d'aſſez proche
pour nous incommoder beaucoup, mon
ardeur ne fit que redoubler pour l'attaque. La premiere impétuoſité de mes
Cavaliers fut terrible ; & je m'appercevois déja du trouble de nos Ennemis,
lorſqu'un coup de picque, que je ne vis
point partir, me fit une ſi large bleſſure
au bas ventre , qu'une partie de mes in-
teſtins s'écoulant ſur ma ſelle, je fus
obligé de me ſervir de mon mouchoir
pour les retenir. Le Colonel Ogle m'exhortant à me retirer ; Mon malheur m'y
force, lui dis-je, & faſſe le Ciel que le
ſervice du Roi n'en ſouffre rien ! Sup-
pléez à mes fonctions, ajoutai-je, & ne
ſongez qu'à pénétrer devant vous. Je le

quittai, en accusant mon sort : car joignant mon Valet de Chambre qui m'avoit toujours suivi de loin avec un cheval de main, je m'abandonnai à sa conduite pour le choix d'un lieu où il pût visiter ma blessure. La disposition du terrain nous ayant fait perdre de vûe en un moment le champ de Bataille, il me fit mettre pied à terre sur le bord d'un petit bois, où il fit entrer mes chevaux ; & nous étant mis à couvert sous le feuillage, il employa toute son adresse à me panser. J'étois mort, sans doute, si le secours eût été plus lent, ou mon Valet moins habile. Etant Chirurgien, il se trouvoit chargé heureusement de tout ce qui appartient à sa profession. Quoique ma blessure ne m'eût pas beaucoup affoibli, & qu'elle ne fût pas mortelle en elle-même, je fus si surpris de sa largeur, & mes intestins que mon Valet commença par tirer à pleines mains sur un linge, me formerent un si étrange spectacle, que je ne pouvois me persuader qu'il me restât quelque prétention à la vie sans un miracle du Ciel. Cependant il m'assura que s'ils n'étoient pas plus endommagés qu'il ne croyoit d'abord s'en appercevoir, le danger étoit peu redoutable. Son principal chagrin étoit de manquer d'eau tiéde pour les laver. La providence y pourvut par l'abondance d'urine que mes chevaux rendirent succeſſivement, & que mon Valet reçut dans mon chapeau & dans le ſien. Il avoit un flacon de vin blanc, & quelques liqueurs fortes, qui furent d'un merveilleux uſage. Enfin mes forces diminuant peu à peu, je ne m'apperçus du reſte de ſes opérations que par la vive douleur que me cauſoient quelquefois ſes mains ou ſes inſtrumens. Il fut obligé de recoudre quelques boyaux, qui avoient été coupés ou percés. Il en coupa lui-même diverſes parties trop endommagées, & ſur le recit qu'il me fit enſuite d'une entrepriſe ſi difficile, je conçûs qu'il ne m'avoit pas plus épargné qu'un cadavre. La connoiſſance & le ſentiment me manquerent pluſieurs fois; mais il s'en allarmoit ſi peu dans un auſſi bon tempérament que le mien, qu'il ſaiſiſſoit au contraire ces momens-là pour ſes opérations les plus douloureuſes.

Quoique nous ne fuſſions qu'au mois d'Avril, le ſoleil avoit aſſez de force pour empêcher que je ne fuſſe incommodé de la fraîcheur. Cependant comme il nous reſtoit une autre crainte, qui venoit de l'incertitude de la victoire,

& par conséquent une autre sorte de danger, il y avoit peu d'apparence que nous puissions quitter notre retraite avant la nuit. Ma situation même sembloit demander des secours que je ne pouvois espérer si le succés du combat ne s'étoit pas déclaré pour nous. Mon Valet avoit employé plus de quatre heures à panser ma blessure. Le bruit des Armes que nous n'avions pas cessé d'entendre pendant près de deux heures, avoit cessé entiérement. Il falloit nous éclaircir de notre sort, & j'ordonnai enfin à mon Valet de sortir du bois à toutes sortes de risques. Il ne fut pas absent plus d'un quart d'heure, au bout duquel je l'entendis revenir, mais accompagné de plusieurs personnes dont l'approche me causa de l'inquiétude.

J'étois couché sur l'herbe, & couvert du manteau de mon Valet & du mien, dont il m'avoit formé une espéce de lit avec les selles & les harnois de mes chevaux. Ma foiblesse ne me permit point de lever la tête pour découvrir dequoi j'étois menacé; mais une voix que je crus reconnoître, m'adressa d'abord quelques mots de consolation, & m'exhortant à n'attendre que des services d'un homme qui conservoit de la reconnoissance pour les miens, elle se fit reconnoître enfin pour celle du partisan Harryfitz. Mon Valet étoit tombé entre les mains de ses gens, qui l'avoient mené à leur Chef. Il n'avoit pas fait difficulté de confesser qu'il m'appartenoit, & mon nom avoit rapppellé à la mémoire de Harryfitz l'intérêt que j'avois pris à son malheur dans les cachots d'Oxmanton. Je n'eus rien de si pressant que de sçavoir de lui l'événement du combat. Il m'apprit que notre Cavalerie ayant pris la fuite, lorsqu'elle s'étoit vûe sérieusement dans le danger d'être enveloppée, l'Infanterie avoit mal répondu à l'attente de Vorsley. Après une foible résistance, elle avoit tourné le dos, sans considérer que de tous les maux qu'elle avoit à craindre, le plus dangereux étoit de se défendre mal, & de se livrer par conséquent dans sa fuite à la fureur d'un ennemi sans pitié. Aussi fut-elle taillée en piéces; & de sept mille hommes dont elle étoit composée, à peine en échappa-t-il deux mille, qui gagnerent les montagnes voisines, où Worsley fut assez heureux pour les rejoindre.

Harryfitz m'ayant promis non-seulement de me laisser la liberté, mais de me servir d'escorte jusqu'au lieu où je souhaitois de me faire transporter, j'acceptai ses offres ; & je le priai de me conduire à Grunlaster, qui n'étoit éloigné que de trois milles du côté de Charlemont. J'y connoissois un Maître d'Hôtel de Monsieur le Maréchal, qui s'y tenoit pour faire conduire au Camp ses provisions de bouche. Ce lieu étoit sans défense ; mais de part & d'autre on s'arrêtoit peu à prendre des places inutiles, ou à faire des prisonniers. Nous y arrivâmes à la fin du jour, & les gens d'Harryfitz ne craignirent point de me transporter jusqu'à la maison du Maître d'Hôtel, où je les récompensai libéralement. M. le Maréchal, à qui je dépêchai sur le champ mon Valet de chambre, parut extrêmement sensible à mon infortune ; mais après s'être fait expliquer les circonstances & le danger de ma blessure, tout le chagrin qu'il ressentoit de la défaite de nos Troupes ne l'empêcha point de s'occuper d'un autre intérêt, dont on n'auroit pas soupçonné qu'il fût si rempli dans l'accablement de tant d'affaires sérieuses.

Après m'avoir renvoyé mon valet, avec des marques fort tendres de la part qu'il prenoit à ma situation, il fit appelfer un autre de mes gens, à qui il donna ordre de partir promptement pour Londres, & de porter à Madame de Montcal la nouvelle du danger où j'étois pour ma vie. Un mot de sa main, dont il le chargea, pour témoignage de la vérité de sa commission, ne lui laissa aucun doute que ma femme ne se mît en chemin sur le champ pour l'Irlande ; & dans son absence, il espéroit que le Mercure qu'il avoit envoyé à Londres, & dont il avoit réveillé le zéle par de nouveaux ordres depuis notre derniére explication, découvriroit enfin Mademoiselle Fidert. Ce dessein étoit d'autant plus adroit qu'il ne paroissoit suivre que le mouvement de l'amitié, & que dans le péril où j'étois effectivement, c'étoit rendre également service à Madame de Montcal & à moi. Mais son attente fut trompée, & ce qu'il n'auroit osé se promettre, elle le fut si heureusement pour lui qu'il tira d'autres avantages de son erreur. Madame de Montcal mortellement allarmée de sa lettre, ne manqua point de la communiquer à Mademoiselle Fidert, & de lui déclarer la résolution où elle étoit de partir pour Grunlaster. L'embarras de se trouver seule à Londres, soutenu de quelques mouvemens de reconnoissance, & peut-être d'un reste de tendresse, fit naître à celle-ci la pensée d'accompagner son amie. A l'objection qu'elle pouvoit se faire à elle-même sur les périls qu'elle avoit à redouter dans sa patrie, elle trouvoit une réponse non-seulement dans la protection du Roi, dont elle avoit les promesses de ce Prince pour caution, mais encore dans la distance de Grunlaster jusqu'à sa province. Son frere qui continuoit de servir à l'Armée, ne pouvoit lui causer beaucoup d'inquiétude. Enfin les précautions qu'elle vouloit prendre la rassurant contre toutes sortes de dangers, elle se disposa à suivre Madame de Montcal dans son voyage. C'est à ce recit que je dois m'arrêter, plus qu'à la relation des mouvemens militaires, auxquels je ne pris aucune part pendant l'espace de deux mois.

Les deux Dames firent la route avec tant de diligence, qu'étant arrivées à Grunlaster en moins de huit jours, elles me causerent autant de surprise par la promptitude de leur marche, que de joie par leur présence. Dans le triste état où j'étois encore, je tirai assez de force de la satisfaction de mon cœur pour les combler de mes plus tendres caresses, & je ne me lassois point d'admirer que la vertu & l'amitié parûssent enfin les réunir. Si l'histoire de ma blessure, & le jugement qu'elles devoient porter de ma situation furent les objets les plus pressans de leur curiosité, la mienne voulut être satisfaite sur mille circonstances que je n'avois apprises qu'imparfaitement par leurs lettres. Je leur avois marqué mon dernier démêlé avec M. le Maréchal, & ce ne fut qu'en voyant Mademoiselle Fidert sous les habits de son sexe que je compris l'erreur du Mercure qui n'avoit pu la découvrir. Mais tremblant aussi-tôt pour les embarras où elle venoit s'exposer, je lui fis appréhender presqu'également & les poursuites de son frere, & les persécutions de M. de Schomberg. Elle avoit même ce désavantage en Irlande, que les moindres soins de M. le Maréchal ne pouvant manquer d'attirer sur elle les yeux du public, il lui seroit beaucoup plus difficile d'y demeurer long-tems inconnue. Rien n'étant capable de l'effrayer, je lui recommandai du moins d'éviter soigneusement la vûe des Irlandois, & de se tenir renfermée chez moi avec Madame de Montcal.

Mes conseils durent passer pour autant de prédictions; car dès le second jour de son arrivée, l'Armée qui avoit fait une infinité de mouvemens depuis quinze jours, passant à deux mille de Grunlaster pour s'avancer vers Dublin, un sentiment de bonté & d'amitié fit rappeller à M. le Maréchal de Schomberg que j'étois encore languissant dans cette ville. Il se déroba pour quelques heures à sa suite, & paroissant à ma porte, où il fut aussi-tôt reconnu de mes domestiques, il exigea d'eux qu'on le conduisît droit à ma chambre sans leur avoir permis de m'avertir. Madame de Montcal & Mademoiselle Fidert étoient près de moi dans une parure fort négligée. Un coup d'œil lui fit reconnoître ma femme; mais ce ne fut qu'après m'avoir parlé long-tems avec beaucoup de tendresse & de bonté, que se tournant vers Mademoiselle Fidert, il crut démêler dans son visage des traits qui ne lui étoient pas inconnus. J'aurois volontiers fait signe à cette jeune personne de se retirer, & j'étois surpris qu'elle n'eût pas pris cette précaution dès le premier moment. Mais soit qu'elle comptât trop sur le changement de ses habits, soit qu'elle crût connoître assez

M. de Schomberg, pour ne rien appréhender de son indiscrétion, elle étoit demeurée modestement à l'écouter. Après différentes marques d'incertitude & d'embarras, il ne craignit plus enfin de s'y méprendre; & se levant d'un air passionné, Il marqua plus de joie de la revoir, qu'il n'en auroit eû du gain d'une Bataille. J'observois quelle seroit la conclusion de ce transport; mais il ne devoit pas finir si-tôt: M. le Maréchal oublia qu'il avoit promis à ses Gens de n'être absent qu'une heure ou deux. Tout le reste du jour se passa dans le même oubli du tems & des affaires qui demandoient peut-être sa présence. Enfin nous quittant le soir, il nous promit de se dérober aussi souvent qu'il lui seroit possible, pour venir se délasser, nous dit-il, avec ses Amis; & je n'ai pas douté que ce dessein n'eût beaucoup de part à la résolution qu'il prit de camper vers Belfast, qui n'étoit qu'à six milles de Greenlaster. Le Roi Guillaume avoit été rappellé en Angleterre par les démêlés du Parlement.

Quoique j'eusse été témoin, comme Madame de Montcal, de tous les empressemens, & des discours mêmes de M.

M. de Schomberg, il nous étoit échappé mille de ces tendres propositions que l'amour sçait toujours couvrir d'un voile, & que Mademoiselle Fidert eut la sincérité de nous révéler. Ne s'imaginant plus qu'il eût rien à combattre dans son cœur, il l'avoit pressée ouvertement de recommencer avec lui une liaison qui ne devoit finir que par la mort de l'un ou de l'autre ; & lui laissant le choix, ou de l'éclat, ou du secret, il lui promettoit dans l'une ou l'autre supposition de tout rapporter à son bonheur. A l'égard de ce qu'elle avoit à craindre du ressentiment de son frere, il se flattoit d'engager le Roi à passer sur les difficultés qui l'avoient arrêté en Angleterre. En effet, dans des conjonctures où ce Prince pouvoit tirer avantage de sa clémence, pour gagner l'esprit & l'affection des Irlandois, il sembloit aisé de faire passer la grace de Mademoiselle Fidert pour une faveur qu'il accorderoit à la Nation. Mais en consentant à recevoir ce service de M. le Maréchal, elle avoit éloigné toutes ses propositions d'amour ; & s'il avoit emporté quelque espérance, ce n'étoit que celle qu'il avoit toujours tirée de l'ardeur de sa passion, & de la constance de ses soins.

A peine eut-il assis son Camp, que nous le vîmes revenir avec la même ardeur; & comme il connoissoit trop bien Madame de Montcal, pour ne pas craindre de l'offenser, en faisant servir notre Maison à ses parties d'amour, il m'en fit quelques mots d'excuse qu'il me pria de lui faire goûter. J'en pris occasion de lui déclarer que Mademoiselle Fidert me paroissoit peu disposée à recevoir ses soins, & que je commençois à me persuader par ses protestations, autant que par le témoignage que ma femme m'avoit rendu de ses sentimens, qu'elle étoit absolument revenue du penchant qu'elle avoit peut-être eû pour les intrigues d'amour. Je lui supposois cette foiblesse pour ne pas choquer M. de Scomberg, par l'avantage que je me serois attribué sur lui, si je lui avois donné lieu de croire qu'elle m'eût accordé par estime & par goût ce qu'elle s'obstinoit à lui refuser. Mais dans le fond j'avois mille raisons de croire que ses inclinations ne la portoient point au désordre. Ses premieres erreurs avoient été leur source dans la chaleur de l'âge, & dans la foiblesse ordinaire de son sexe. Le commerce où elle étoit entrée avec moi, n'en avoit pas eu de plus forte que les embarras de sa situation ; ou si la tendresse s'y étoit mêlée, avec toute l'ardeur que je n'ai pas fait difficulté de représenter, c'avoit été pour l'annoblir par des motifs plus relevés que l'intérêt. De-là venoient toutes les fureurs où elle s'étoit abandonnée, lorsque me voyant mal répondre à son amour, elle avoit regreté de m'avoir fait une composition trop aisée de son honneur ; & je dois confesser aussi qu'avant l'heureuse certitude de retrouver Madame de Montcal, j'avois renoncé trop légérement aux droits qu'une si aimable Maîtresse m'avoit donné volontairement sur son cœur. Mais désormais qu'elle devoit se croire assurée d'une vie douce & tranquille, dans la compagnie de ma Femme, & même dans la mienne, à laquelle un reste de tendresse lui faisoit encore attacher quelque douceur, je comprenois aisément que l'âge & l'expérience commençant à meurir son caractére, elle étoit capable de se renfermer dans une vie sage, que les exemples de Madame de Montcal l'aidoient encore à soutenir, & qui

C ij

la feroit triompher de toutes les séductions de M. le Maréchal.

Loin de se rendre néanmoins à toutes mes raisons, il me pria d'être sans inquiétude sur le succès de son amour, & de souffrir seulement qu'il continuât de venir chez moi avec la familiarité de l'amitié. Je n'y mis point d'autres bornes, que le tems où Madame de Montcal commenceroit à s'en plaindre; & mon avis fut même de ne pas la prévenir par des prieres qui ne serviroient qu'à lui faire ouvrir plutôt les yeux sur des bienséances auxquelles M. le Maréchal devoit souhaiter qu'elle ne fît point d'attention. Mais il lui fut impossible, comme je l'avois prévû, de revenir pour la troisiéme fois, sans faire naître des bruits qui furent peut-être augmentés par l'indiscrétion de mes Domestiques. La curiosité rendit toute l'Armée attentive à son intrigue, & ceux qui l'auroient soupçonné d'aimer ma Femme, ne pûrent conserver cette idée, lorsqu'ils eurent appris que nous avions près de nous une Femme encore plus jeune, & d'une beauté capable de tenter leur Général. Tous les Officiers qui pûrent se dérober du Camp, vinrent successivement à Greenlaster; &

les regards curieux qu'on leur vit jetter sur ma Maison, ne me permirent pas de douter du sujet de leur voyage. J'en avertis Mademoiselle Fidert, qui redoubla ses précautions. Mais elle avoit déja été reconnue à sa fenêtre par le jeune Ecke, à qui son Pere avoit procuré depuis quelques semaines une Compagnie de Dragons; & qui toujours inquiet & audacieux, avoit été un des plus ardens à vouloir pénétrer les amours de M. le Maréchal. S'il n'avoit osé se faire voir chez moi, il n'avoit pas moins compté sur le souvenir des complaisances que Mademoiselle Fidert avoit été forcée de lui marquer à Croydon. Il étoit revenu plusieurs fois, dans l'espérance de s'attirer ses regards; & ne la voyant plus paroître, il prit enfin le parti de lui écrire. Sa hardiesse paroissoit augmentée par le changement de sa condition. Il ne craignoit plus d'être traité d'Ecolier, comme il m'étoit arrivé de lui en donner le nom, en le faisant enlever au Château de son Pere; & les premieres lignes de sa Lettre rappelloient à Mademoiselle Fidert les espérances dont elle lui avoit promis de se flatter à Croydon.

Je la crus plus obligée que jamais à

garder des ménagemens. Sans écrire à ce téméraire Amant, elle répondit par mon conseil à son Meſſager, qu'elle étoit ſenſible à ſes politeſſes, mais qu'elle le prioit de les ſuſpendre par des raiſons qu'il ne pouvoit ignorer. Cette précaution me parut indiſpenſable, quoique je ne cruſſe pas notre ſecret moins expoſé dans la bouche d'un jeune Homme ſi léger. Je ne ſçais à quoi la priere de ſa Maîtreſſe auroit ſervi, s'il l'eût reçûe plutôt : mais il l'avoit déja trahie, ſans le vouloir, par une démarche qui ne pouvoit être réparée. Le hazard lui ayant fait lier connoiſſance avec le frere de Mademoiſelle Fidert, il avoit cru ſe faire un mérite, non-ſeulement de la connoître, mais de ſçavoir qu'elle étoit en Irlande ; & ne ſe défiant point ſans doute qu'il parlât à ſon plus mortel Ennemi, il lui avoit fait l'aveu de tous les ſentimens qu'il avoit pour elle. Fidert auſſi adroit, que l'autre étoit imprudent, l'avoit engagé à cette ouverture, en feignant à chaque mot qu'il entendoit, de ſçavoir l'arrivée de ſa ſœur, & le lieu de ſa retraite. Il avoit même affecté de recommander au jeune Homme un ſilence dont il lui avoit fait ſentir la nécessité ; mais prenant aussi-tôt ses mesures du côté de la justice, il avoit mis les Archers de Londondery en mouvement pour faire arrêter sa malheureuse sœur.

Nous étions tranquilles, ou sans inquiétude pressante ; & notre seule agitation venoit d'un nouveau conseil que je donnois à Mademoiselle Fidert, & que son attachement pour Madame de Montcal & pour moi, lui faisoit trouver de la peine à suivre. Je l'exhortois à reprendre un habit d'Homme, & à se séparer de nous pendant quelques jours, sous la conduite de ce même Valet, dont elle avoit éprouvé si long-tems la fidélité ; ne dût-elle aller qu'à deux milles, pour faire perdre du moins ses traces, en attendant qu'on vît quel fond l'on devoit faire sur la conduite & la discrétion du jeune Ecke. Une Brigade d'Archers arrivée à ma porte, me fit pressentir tout d'un coup son malheur. Je n'avois pas assez de monde pour espérer quelque chose de la résistance, & dans une Maison trop bien fermée, il y avoit encore moins de ressource dans la fuite. Madame de Montcal, par une générosité qui ne vint à l'esprit qu'à elle, sortit aussi-tôt

C iiij

de ma chambre, & feignant la plus vive allarme à la vûe des Officiers de la Justice, qui étoient déja sur l'escalier, elle affecta si adroitement d'implorer le secours du Ciel dans son infortune, qu'ils la prirent d'abord pour celle qu'ils cherchoient. Son espérance étoit qu'en se laissant emmener à la place de son Amie, elle lui donneroit du moins le tems de se mettre à couvert. Mais un des Gardes se souvint que dans la désolation de Fidert, le portrait de sa sœur étoit celui d'une Blonde ; & Madame de Montcal avoit les cheveux bruns. Cette preuve de leur erreur étoit si claire, qu'ayant continué de monter, ils entrerent dans ma chambre, où ils se saisirent à mes yeux de notre infortunée Compagne.

La douleur de l'outrage me toucha plus sensiblement, que la crainte du péril ; car je ne pouvois douter que M. de Scomberg n'employât toute sa puissance pour lui rendre bien-tôt la liberté. Il me vint à l'esprit de le faire avertir. Un de mes Gens que je lui dépêchai aussi-tôt, me rapporta à son retour que cette nouvelle l'avoit fait pâlir ; & ceux qui ont connu ce caractére ferme & intrépide, jugeront de sa consternation par ce seul trait. J'appris aussi qu'il avoit fait partir sur le champ un Détachement de Dragons, qui n'avoient pas vrai-semblablement d'autre ordre que d'arracher sa proie à la Justice de Londondery. Mais cette commission fut exécutée avec tant de secret, que je ne pus sçavoir si elle avoit réussi. L'intérêt que j'y devois prendre, m'ayant fait renvoyer le même Courrier à M. le Maréchal, je n'obtins pas même de lui l'éclaircissement que je lui faisois demander. Il fit une réponse brusque & incertaine, qui me laissa douter long-tems de la situation de Mademoiselle Fidert.

 Le jeune Ecke ne put ignorer ce qui s'étoit passé à Greenlaster; & la curiosité du Public ayant bien-tôt éclairci le fond de l'avanture, il apprit avec toute l'Armée, que c'étoit Fidert même qui avoit livré sa sœur à la Justice. Quoiqu'on parût fort partagé sur cette action, & que ce frere implacable eût autant de Partisans que de Censeurs. Ecke se crut offensé de l'abus qu'il avoit fait de sa confiance, ou plutôt l'amour furieux lui fit prendre ce prétexte pour venger sa Maîtresse. Emporté comme il étoit, il ne prit point d'autres mesures, que de le faire appeller à quelque distance du Camp, le pistolet à la main. Fidert ne devint pas moins furieux, lorsqu'il sçut par quel motif on attaquoit sa vie. Il crut avoir tout à la fois sa sœur à punir, & son Pere à venger. Dans la chaleur qui les animoit, ils tirerent inutilement leurs quatre coups; mais se servant aussi-tôt de leurs épées, sans quitter leurs chevaux, le jeune Ecke quoique monté avec moins davantage, enfonça la sienne jusqu'aux gardes dans le sein de son Ennemi, & le précipita du même coup à quatre pas de son cheval. Cette action lui auroit fait honneur s'il ne l'eût souillée aussi-tôt par la derniere barbarie. Fidert n'étoit pas mort, & leurs Valets qu'ils avoient pris l'un & l'autre, s'empressoient pour le secourir; mais Ecke mettant pied à terre, & les écartant avec la même furie, se fit un plaisir cruel d'achever de plusieurs coups le misérable Fidert, qui n'avoit plus la force de lever le bras pour se défendre. Ensuite, craignant sans doute de reparoître au Camp, il prit le chemin de Greenlaster, où je fus surpris de le voir entrer chez moi, avec des marques encore sanglantes de l'action qu'il venoit d'exécuter.

Il avoit deux espérances : L'une de me voir applaudir à sa vengeance, & l'autre, qu'étant Ami de son Pere, & favorisé de M. le Maréchal, ma protection le mettroit promtement à couvert. Mais il auroit pû compter sans mon secours sur l'indulgence de M. de Schomberg, qui apprit au contraire avec joie que l'Ennemi de sa Maîtresse étoit hors d'état de lui nuire. Cependant la bienséance l'obligeant de dissimuler ses dispositions, il m'écrivit, sur les premieres sollicitations que je lui fis en faveur du jeune Ecke, qu'il devoit éviter de se faire voir, & lui laisser le tems de donner une couleur favorable à son action. Cette réponse fut d'autant plus agréable au jeune Homme, que le dispensant du devoir militaire, elle lui donnoit la liberté de former d'autres entreprises pour secourir Mademoiselle Fidert. Il n'étoit pas mieux informé que moi de ce qu'elle étoit devenue. Le secret de cet événement paroissoit renfermé entre les Officiers qui avoient commandé le détachement de Dragons, & l'on ne doutoit point que le cachant avec tant de soin, ils n'en eussent reçu des ordres bien pressans de M. le Maréchal. Les Dragons du détachement avoient marché sans sçavoir leur commission, & n'avoient rien compris à la conduite de leurs Officiers. Mais si quelqu'un devoit être étonné de ce mystére, c'étoient Madame de Montcal & moi, qui n'avions pû tirer de réponse positive de M. de Schomberg, quoique nous l'eussions demandée plusieurs fois avec les dernieres instances. Je m'étois d'abord imaginé que c'étoit le chagrin de n'avoir pû délivrer Mademoiselle Fidert, qui lui faisoit garder avec obstination ce noir silence; cependant la tranquillité où je découvris qu'il étoit du côté de la Justice, me fit juger enfin qu'il avoit des raisons de ne pas s'allarmer, dont il me faisoit volontairement un mystére; & cette conjecture diminua beaucoup mes propres craintes.

Non-seulement il avoit interrompu les visites qu'il me rendoit à Greenlaster; mais sur l'avis que le Duc de Tyrconnel avoit paru du côté de Bilingargi avec un Corps d'Infanterie considérable, il s'avança vers ce Château, qu'il étoit résolu de conserver à toutes sortes de prix. Ecke étoit encore chez moi, d'où il avoit envoyé un de ses Gens à Londondery, pour en rapporter des éclaircissemens certains; mais impatient de la lenteur de son Courrier, il partit enfin pour aller lui-même aux informations. J'étois si rassuré pour Mademoiselle Fidert, depuis l'explication que j'avois donnée à l'air de sécurité & d'inaction de M. le Maréchal, que je passai les jours suivans avec peu d'inquiétude. Ecke revint le neuviéme jour. Je le vis plus abbattu qu'il ne l'avoit été dans la premiere visite qu'il m'avoit rendue après son combat. Il se hâta de me raconter les découvertes qu'il devoit à sa hardiesse. Après avoir appris à Londondery qu'on n'y avoit vû paroître ni Mademoiselle Fidert, ni les Archers qui l'avoient arrêtée, il étoit revenu sur ses pas, en prenant des informations sur la route, jusqu'au lieu où les Archers avoient cessé de suivre le chemin de Greenlaster à Londondery. Là ses lumieres n'avoient pas beaucoup augmenté ; mais ayant appris néanmoins que les Archers, qui étoient au nombre de douze à la suite d'une Chaise fermée, avoient changé tout d'un coup de route, forcés, comme on se l'imaginoit, par une Troupe de Cavalerie, dont les Officiers s'étoient détachés pour leur déclarer leurs intentions, il avoit suivi si exactement leurs traces, que le soir du même jour il avoit découvert qu'ils étoient à Bilingargi. Ce Château, qui étoit d'une force extraordinaire, avoit été pris par le Brigadier Worsley dès le commencement de la Campagne ; & M. de Schomberg l'avoit regardé comme une Place si importante, qu'après en avoir augmenté les fortifications, il y avoit mis deux Régimens de sa meilleure Infanterie. L'ordre qu'il avoit donné aux Officiers du détachement, avoit été de conduire dans ce lieu Mademoiselle Fidert. Son doute n'avoit point été s'ils pourroient l'enlever aux Archers, puisqu'ils étoient en si petit nombre ; mais il avoit eu deux craintes : l'une qu'ils ne fussent déja trop avancés pour être rejoints facilement ; l'autre qu'en supposant le succès qu'il désiroit, le bruit de cet enlevement ne fît un éclat qu'il vouloit éviter. Les Officiers, qui brûloient de se rendre dignes de sa confiance, l'avoient servi avec autant de conduite que de bonheur, non-seulement par leur diligence, mais encore par le soin qu'ils avoient eu de dérobber le fond de leur entreprise à leurs Dragons mêmes. Ils les avoient fait arrêter à quelque distance des Archers, & s'avançant au nombre de cinq ou six, ils n'avoient pas eu de peine à se saisir d'une douzaine de miférables, qui les voyoient foutenus de cent Dragons. Les ayant défarmés, ils avoient renvoyé leur Troupe au Camp, & fe rendant eux-mêmes les Gardes des Archers, ils les avoient conduits avec Mademoifelle Fidert jufqu'à la Forterefſe, où ils les avoient livrés au Gouverneur qui étoit un homme dévoué à M. le Maréchal. Ainfi les Dragons qui avoient fervi à la liberté de Mademoifelle Fidert, ignoroient quel fervice ils lui avoient rendu, & n'étoient pas même certains fi c'étoit elle qu'on conduifoit dans la Chaife.

Ecke, dont le pere commandoit les Gardes de M. de Schomberg, n'en avoit pas eu plus de facilité à fe faire recevoir au Château; ou du moins craignant encore les fuites de fon combat, il avoit eu la précaution de fe déguifer fous les habits d'un Payfan, à la faveur defquels il s'étoit introduit. Les Archers, qui y étoient gardés fans violence, l'avoient informé du détail de leur enlevement ; mais il n'étoit pas fi aifé de parvenir jufqu'à Mademoifelle Fidert. La maifon du Gouverneur, où l'on n'ignoroit pas qu'elle étoit traitée avec beaucoup de refpect & de foins, formoit comme un fecond Fort au milieu du premier ; &

l'attention avec laquelle on la gardoit, ne le cédoit guéres à celle qu'on avoit à la servir. Ecke avoit surmonté tant d'obstacles. Il l'avoit vûe ; & quoiqu'elle n'ignorât point qu'elle étoit sauvée des mains de la Justice, il n'avoit pû sçavoir d'elle à quel sort elle étoit destinée. Soit que M. de Schomberg ne se fût point ouvert au Gouverneur, soit que celui-ci cachât ses ordres à sa Prisonniere, elle parut aussi étonnée qu'affligée de s'être vûe renfermer dans une étroite prison par ses Libérateurs ; & toute son espérance étant dans mon amitié, elle conjura Ecke de m'informer promptement de sa situation.

Il ne manqua point de lui faire beaucoup valoir les services qu'il lui avoit rendus. Si la mort de son frere ne fut pas pour elle un sujet de joye, cette nouvelle servit du moins à calmer ses frayeurs. Elle commença même de ce jour à prendre quelques sentimens de reconnoissance pour un Amant, à qui l'ardeur de la venger avoit fait risquer sa vie, & qui l'exposoit encore en cherchant à la voir dans sa prison. J'ignore quelles espérances elle lui permit de concevoir, surtout lorsque reunissant l'offre qu'il lui faisoit toujours de l'épouser à l'apparence qu'elle commençoit à voir d'obtenir sa grace, elle comprit qu'il ne pouvoit lui arriver rien de plus heureux après tant d'infortunes, que de se trouver la femme d'un héritier de fort bonne Maison, qui rétabliroit tout-à-lafois son honneur & sa fortune. Mais Ecke, à qui elle avoit laissé la liberté de me communiquer ses intentions, voyoit mieux qu'elle ce qu'il avoit à redouter de M. de Schomberg, quoiqu'il se fût bien gardé de lui communiquer ses craintes. C'étoit la cause de son abbattement. Il avoit vû l'Armée s'approcher de Biligargi. Le Duc de Tirconnel s'étant retiré, il avoit cru pénétrer que la marche de M. le Maréchal ne se faisoit plus dans une autre vûe que de s'approcher de sa Maîtresse. La jalousie lui causoit des mouvemens de fureur, que j'eus peine à modérer, & je ne le rendis pas beaucoup plus satisfait, en lui déclarant que pour son mariage le seul conseil que j'eusse à lui donner, étoit de le proposer à son pere.

En effet, si l'amitié me faisoit souhaiter toutes sortes d'avantages à Mademoiselle Fidert : l'honneur m'obligeoit aussi de ne pas trahir les intérêts du Chevalier Ecke, avec qui j'étois lié plus étroitement que jamais par mille attentions obligeantes qu'il avoit marquées pour moi depuis ma blessure. Mademoiselle Fidert n'étoit pas inférieure à son fils par la naissance ; & si elle parvenoit à obtenir sa grace, elle se trouvoit aussi l'héritiere d'un bien considérable, que son frere lui avoit laissé par sa mort. Mais cette faveur du Roi me paroissoit fort incertaine ; & quand elle l'eût été beaucoup moins, ce n'étoit pas à moi, qui avois vécu dans un commerce trop libre avec elle, à la marier si légerement au fils d'un homme à qui je devois de la reconnoissance. Cependant le jeune Amant me conjura avec tant d'instances de n'en faire aucune ouverture à son pere, que voyant l'exécution de ses espérances fort éloignée, je ne fis pas difficulté de lui faire cette promesse. Je ne fus pas plus difficile à lui accorder une Lettre qu'il me demanda pour M. le Maréchal, dans laquelle il me prioit moins de solliciter la liberté de Mademoiselle Fidert, que de faire connoître que je n'ignorois pas le lieu de sa retraite. Sans soupçonner M. de Schomberg de penser à satisfaire sa passion par des voyes indignes de lui, je compris que cet avis, hazardé sans affectation, pouvoit être un frein contre les foiblesses de l'amour.

Ecke ne penſoit pas à ſe faire le Porteur de ma Lettre ; mais dans le deſſein où il étoit de retourner promptement à Biligargi, il ſouhaitoit de la faire remettre à M. de Schomberg, avant qu'il s'y fût rendu lui-meme, pour lui faire connoître que le deſſein de ſon voyage n'étoit pas ignoré, & qu'il avoit des obſervations à redouter.

Il ne s'étoit rien paſſé dans cet intervalle de fort conſidérable entre les deux Partis. Mylord Douglas à la tête de deux mille Cavaliers avoit enlevé douze cens Fourrageurs du Comte de Lauſun, qui ſe reſſentoit vivement de cette perte. C'étoit pour nous la faire payer, qu'il avoit fait avancer le Duc de Tirconnel avec quatre mille hommes d'Infanterie aux environs de Biligargi, où il ſçavoit que M. le Maréchal avoit renfermé les nouvelles munitions qui lui étoient venues d'Angleterre. Mais le bon état de cette Place lui ayant ôté l'eſpérance de l'emporter par eſcalade, il avoit tourné ſes entrepriſes contre pluſieurs petites Villes où il appréhendoit moins de réſiſtance, & dont la priſe ne lui pouvoit apporter d'autre avantage que d'inſpirer de la terreur aux Partiſans du Roi Guillaume. Il ne manquoit point en effet d'imposer de grosses contributions à ceux qui s'étoient distingués par quelque marque d'inclination pour le nouveau Gouvernement; & ce qui fit craindre à tout le monde que la guerre, qui s'étoit soutenue jusqu'alors dans des termes fort reglés, ne se ressentît bien-tôt de la fureur ordinaire des divisions civiles, il fit punir du dernier supplice le Maire & les Magistrats d'une petite Ville, pour avoir fait transporter à l'Armée Protestante de la farine qui avoit été retenuë quelques jours auparavant pour l'Armée Jacobite. Au reste, ces conquêtes coutoient si peu à l'un & à l'autre Parti, que c'étoit presque toujours au premier qui se présentoit que les Portes étoient ouvertes, & que successivement l'Ennemi y étoit reçû avec les mêmes honneurs.

Cependant la ville de Dublin & le Parlement, qui avoient paru d'abord si bien disposés pour nous, s'étoient réfroidis par la négligence qu'on avoit euë à les défendre contre l'approche du Roi Jacques & de ses Troupes. Ce Prince étoit entré dans la Ville à la tête d'un Corps nombreux de Cavalerie. Il avoit demandé au Parlement un subside de cinquante mille livres sterling par mois, qui avoit été réduit néanmoins à vingt mille livres, mais qui le mettoit dans une liaifon que nous n'avions plus avec la Capitale. On publioit même que pour réparer fes dernieres inconftances, elle confentoit à renouveller le ferment de fidélité, & que le Parlement avoit promis une Déclaration, par laquelle le Roi Guillaume & tous fes Partifans feroient livrés à la haine & à la vengeance publique, comme Ennemis de la grande Bretagne, & traîtres à la Patrie. La vérité étoit que Dublin & le Parlement panchoient toujours à nous favorifer, mais que la multitude de Catholiques qui s'y étoient rendus de toutes les Parties de l'Irlande, forçoient nos Amis à la diffimulation. Quantité de gens faifoient un reproche à M. le Maréchal d'avoir tardé fi long-tems à s'approcher de cette Ville, & s'imaginoient qu'il n'y avoit pas d'autre moyen de terminer la guerre, qu'en mettant le Parlement dans la liberté d'exercer en notre faveur l'autorité qu'il avoit fur la Nation. Mais les idées de notre Confeil étoient différentes. Le Roi avant fon départ étoit convenu avec M. de Schomberg d'engager infenfiblement les Ennemis dans une action décifive, dont toutes fortes de raifons fembloient nous promettre le fuccès. Ils ne connoiſſoient que cette voye pour empêcher la guerre de traîner en longueur. Ainſi le deſſein de M. le Maréchal, dans tous les mouvemens qu'il faiſoit faire à ſon Armée, n'étoit que de ſaiſir les avantages, pour forcer au combat celle des Jacobites.

L'amour ne s'occupoit pas moins, puiſqu'on ne ſçauroit douter que ſon unique vûe en s'approchant de Bilingargi, n'eût été de rendre quelques viſites à Mademoiſelle Fidert. Il entra d'abord dans cette Place, ſous prétexte de viſiter les ouvrages dont il l'avoit fait fortifier. Mais il continua d'y aller ſecretement; & ma Lettre que le jeune Ecke lui avoit envoyée, n'eut pas tout l'effet que nous nous en étions promis. Il preſſa Mademoiſelle Fidert, juſqu'à paroître offenſé de ſon obſtination; & dans un mouvement du chagrin auquel il ne s'étoit jamais abandonné dans d'autres tems, il lui reprocha des excès de ſageſſe, auſquels ſa conduite paſſée ne l'obligeoit pas. L'indifférence de Mademoiſelle Fidert ſe changea alors dans un reſſentiment fort vif, qui alla juſqu'à lui faire répondre qu'elle ne devoit que de la haine à ſon Tiran; & que dans la ſituation où il la réduiſoit, elle mettoit peu de différence entre lui, qui l'y retenoit malgré elle, & la Justice de Londondery à qui il l'avoit arrachée. Ici l'amour ramena M. le Maréchal au respect & à la crainte. Il protesta que dans la contrainte où il la retenoit, son unique intention étoit de la dérobber à la poursuite de ses ennemis; que d'ailleurs elle ne devoit pas se croire prisonniere dans un lieu où elle étoit la maîtresse absolue; qu'elle pouvoit y exercer tous les droits de l'autorité souveraine, & s'y faire une vie pleine de charmes; qu'elle y étoit à la vérité sans compagnie, mais qu'il étoit prêt, si elle en marquoit quelque désir, à prier Madame de Montcal & moi de nous y faire transporter; que cette pensée lui étoit venüe plusieurs fois, & qu'il me croyoit assez bien de mes blessures pour supporter ce changement. Mademoiselle Fidert le prit au mot. Il ne balança point à lui renouveller sa promesse; & dans quelque vûe qu'il lui eût fait cette proposition, il l'exécuta dès le même jour.

Ma surprise fut extrême de recevoir un Courrier de M. le Maréchal, par lequel il m'invitoit à me faire conduire au Château de Biligargi, où j'aurois, avec plus de repos & de sureté que dans une

Bourgade ouverte, le plaisir de rejoindre Mademoiselle Fidert. Je regardai ce foin comme un effet de ma Lettre. Madame de Montcal qui me crut en état de souffrir le mouvement du voyage, fut la premiere à me solliciter de rendre ce service à notre Amie : car la peinture qu'Ecke nous avoit faite de sa prison, avoit excité notre compassion pour son sort. Cependant nous en jugeâmes autrement par nos yeux. Excepté l'ennui de la solitude, qui avoit pû paroître d'autant plus insupportable à ceux d'un Amant, qu'il ne lui étoit pas permis de la partager, il ne manquoit rien à la maison du Gouverneur pour en faire une demeure agréable. Elle le devint pour Mademoiselle Fidert, lorsqu'elle nous y vit arriver. M. le Maréchal, qui étoit toujours campé à peu de distance, y vint souper avec nous dès le premier jour. Ses plaintes ne purent se modérer dans ma présence. Il prit le moment où Madame de Montcal étoit éloignée, pour me demander devant sa Maîtresse par quel heureux art j'étois parvenu autrefois à l'attendrir ; & il parla long-tems de sa passion en Amant désespéré, qui regarde les rigueurs de sa Maîtresse comme un obstacle au bonheur de sa vie. Des

expressions

expressions si vives ne me permettoient point de douter de sa bonne foi ; mais en me rappellant avec quelle facilité il avoit changé deux fois d'inclination, j'avois peine à comprendre que des impressions dont il avoit déja triomphé, pussent lui causer un trouble si pressant. Je n'ai appris que depuis sa mort la source de cette ardeur. M. de Schomberg n'étoit pas d'un caractere si tendre, qu'il ne pût résister au pouvoir de l'amour ; mais la superstition avoit beaucoup de part à sa tendresse. Il avoit fait tirer son Horoscope à Lisbone par un Juif Portugais. On lui avoit prédit qu'il seroit heureux dans les armes aussi long-tems qu'il seroit favorisé de l'amour. Cette idée avoit servi à l'attacher au commerce des femmes, comme à la regle de ses prospérités. Il y avoit essuyé diverses fortunes jusqu'à l'origine de sa passion pour Madame de Montcal, & la résistance qu'il y avoit trouvée dans le tems où il avoit les armes à la main, lui avoit paru de si mauvais augure, qu'il s'étoit moins affligé que réjoui de la voir passer en France ; parce qu'il s'étoit cru sauvé de la prédiction par l'incertitude du dénouement. Il s'étoit attaché aussitôt à Mademoiselle Fidert, avec d'autant plus de confiance que n'ayant point une vertu rigoureuse à combattre, il croyoit cette conquête peu douteuse. Quel avoit été son étonnement de se voir rebuté ! Les charmes de Mademoiselle Fidert faisant autant de progrès dans son cœur que la superstition en avoit fait dans son esprit, il s'étoit obstiné à remporter une victoire dont il faisoit dépendre presque également & la satisfaction de son cœur & le succès de ses armes.

Je répondis encore à ses plaintes qu'un homme tel que lui avoit tant de dédommagemens du côté de la fortune & de la gloire, que les maux qu'il recevroit de l'amour, ne pouvoient jamais exciter beaucoup de compassion. Mais ce badinage lui déplut ; & se tournant vers Mademoiselle Fidert, il me fit connoître en se dispensant de me répondre, qu'il trouvoit la plaisanterie hors de saison. Cependant le jeune Ecke, qui étoit plus proche de nous que je ne pouvois me l'imaginer, tenoit compte à sa Maîtresse de la dureté qu'elle marquoit pour son Général ; & ce témoignage dissipoit de noirs soupçons, qui étoient les seuls obstacles qu'il crut avoir à redouter. A peine M. de Schomberg fut-il retourné au Camp qu'il se fit voir à nos yeux, en nous priant pour seule précaution de ne pas faire connoître au Gouverneur qu'il fût différent de ce qu'il le croyoit sur les apparences. Après avoir passé quelques jours dans la Place sous les habits d'un Payſan, il s'étoit loué pour servir au jardin du Gouverneur ; & sous prétexte de parer l'appartement de fleurs, il s'étoit mis à portée d'entendre tout notre entretien. Madame de Montcal étoit présente. Il la conjura de prendre ſes intérêts auprès de Mademoiſelle Fidert & de moi ; & dans la joye de ce qu'il venoit d'entendre, il ne se propoſoit pas moins que de conclure ſon mariage au Château. A l'objection qui regardoit ſon pere, il fit une réponſe qu'il avoit méditée depuis ſon départ de Greenlafter. La meilleure partie de ſon bien lui venoit de ſa mere ; & pour ſe renfermer d'ailleurs dans le respect qu'il devoit au Chevalier Ecke, autant que pour attendre la grace de Mademoiſelle Fidert, il étoit d'avis de tenir ſon mariage caché. Cette proposition me parut ſi puérile que je le priai de ne pas me mêler plus long-tems dans ſes deſſeins. Quelque déſir, lui dis-je, que j'aye de voir réuſſir tout ce qui peut tourner à l'avantage de Mademoiſelle Fidert, je me garderai bien de trahir tout-à-la-fois

D ij

& M. le Maréchal & votre Pere, qui font mes deux meilleurs amis. Je lui promis néanmoins de garder le silence sur son déguisement ; mais j'ajoutai que s'il avoit quelque déférence pour mes conseils, il iroit ménager le consentement de son Pere, qui feroit peut-être moins de difficulté de l'accorder depuis que sa Maîtresse étoit l'héritiere d'une grosse fortune, & lorsqu'elle auroit obtenu sa grace : car il falloit compter pour rien la mort de Fidert arrivée par sa main, dans un pays où les mariages servent entre les particuliers comme entre les Rois à la réconciliation des familles après ces grands malheurs.

Madame de Montcal fut d'un autre sentiment que le mien. Mais sentant fort bien à quoi l'honneur m'obligeoit, elle me cacha ses idées pour les exécuter sans ma participation. Tout ce qu'elle pouvoit devoir à mes avis n'approchoit point dans son opinion de ce que sa propre amitié l'obligeoit d'entreprendre pour une jeune personne à qui nous étions comme engagés de tenir lieu de pere & de mere, & pour qui nous en avions pris toute l'affection. Notre dessein avoit été de contribuer à son établissement. Pouvions-nous en attendre une plus belle occasion; & pourquoi l'intérêt du Chevalier Ecke l'auroit-il emporté dans son cœur sur celui de Mademoiselle Fidert? Elle se détermina par ces raisons à favoriser les deux Amans, sur-tout lorsqu'elle eut appris de la jeune Irlandoise qu'elle se sentoit touchée de la constance & de l'ardeur du jeune Ecke.

Pour lui, qui étoit revenu à Bilingargi avec ce dessein, & qui l'avoit même fait goûter dès la premiere fois à sa Maîtresse, comme le seul moyen de la délivrer des persécutions de M. le Maréchal, il avoit employé les premiers momens de son retour à gagner le Ministre du Château; & la promesse d'une grosse somme lui avoit fait obtenir tout ce qu'il avoit désiré. Madame de Montcal entrant avec joye dans cette intrigue, ne se crut point obligée par l'honneur à d'autres précautions qu'à s'assurer que j'employerois tout le crédit de mes amis pour obtenir la grace, d'où sembloit dépendre la restitution des biens de Mademoiselle Fidert. Elle me fit répéter plusieurs fois cette promesse, avec des instances qui me parurent affectées: car elle ne pouvoit ignorer quels étoient là-dessus mes désirs. Cependant comme rien n'étoit si éloigné de mes idées que l'entreprise qui se formoit presque à mes yeux, le mariage fut conclu, sans que les mouvemens que j'avois vûs autour de moi m'en eussent fait naître la moindre défiance.

Cependant aussi-tôt que la cérémonie fut achevée; Madame de Montcal se hâta de m'apprendre ce qui venoit de se passer devant elle, & la part qu'elle y avoit eue. Elle prévint mes reproches en m'expliquant ses motifs, & la persuasion où elle étoit qu'il n'y avoit que M. de Schomberg & le Chevalier Ecke qui pussent la condamner; deux personnes avec lesquelles il lui paroissoit suffire qu'elle eût respecté mes liaisons, mais dont le chagrin ou la censure n'avoient pas dû l'empêcher de rendre service à son amie. Je me rendis à des excuses que j'aurois combattues inutilement. Ecke & sa femme y joignirent leurs instances. Je ne leur recommandai que la discretion & les ménagemens qu'ils se devoient à eux-mêmes; & je conseillai encore au jeune homme de sortir du Château, pour ne s'exposer à rien qui fût capable de le trahir. Mais tout étoit transport dans ces premiers momens. Les empressemens, les soins, les complaisances furent pendant quelques jours dans le jeune Ecke durant de paſſions violentes auſquelles il fallut laiſſer leur cours. Sa femme étoit heureuſe, ſi ces ſentimens s'étoient ſoutenus avec conſtance. Nous favoriſâmes, autant qu'il nous fut poſſible, leurs familiarités & leurs entrevûes. Mais le Gouverneur averti qu'on avoit vû pluſieurs fois ſon Jardinier ſe gliſſer la nuit dans la chambre de Mademoiſelle Fidert, le ſurprit avec elle au milieu de leurs plaiſirs. L'intérêt que M. le Maréchal prenoit à cette jeune perſonne, lui fit garder des ménagemens. Il attendit le jour ſuivant pour faire arrêter Ecke, & ſans s'expliquer à nous ſur les raiſons de cette conduite, il ne manqua point d'en informer promptement M. de Schomberg.

L'Armée s'étoit éloignée de Biligargi deux jours auparavant; & le Roi ſe diſpoſant à repaſſer la mer, M. le Maréchal renouvelloit tous ſes efforts pour ſe ménager l'occaſion d'une Bataille déciſive à ſon arrivée. Avec quelque amertume qu'il eût reçû l'avis du Gouverneur, la néceſſité de ſes occupations & la bienſéance des conjonctures ne lui permirent point de ſuivre le mouvement qui l'auroit conduit lui-même à Biligargi. Il jetta les yeux ſur le Capitaine de ſes Gardes, dont il eſtimoit beaucoup la fidélité & la prudence. C'étoit, comme on n'a pû l'oublier, le Chevalier Ecke, pere du jeune Amant. L'ordre qu'il reçut de M. de Schomberg fut non-ſeulement d'approfondir une avanture dont les apparences étoient ſi affreuſes, mais de punir le téméraire qui avoit oſé fouiller la maiſon du Gouverneur par le plus hardi de tous les crimes: car ſur quelques termes obſcurs de la Lettre, ou plutôt par le penchant de l'amour à ſe flatter, M. le Maréchal ſe figuroit que c'étoit une violence que ſa Maîtreſſe avoit eſſuyée de quelque domeſtique effronté. Le Chevalier me glaça le ſang par ſon arrivée. Mes bleſſures me retenoient encore au lit. Il crut devoir à la politeſſe de ſe faire conduire chez moi avant que d'exécuter ſa commiſſion. L'état où j'étois ſervit à lui déguiſer mon trouble. Mais après m'avoir preſſenti ſur le ſujet qui l'avoit amené, il me ſoulagea beaucoup en évitant d'y revenir. Je feignis ſi naturellement de ne pas l'entendre, qu'il crut en effet que je n'étois informé de rien.

Si je l'étois de quelque choſe, ce n'étoit que du mariage & de l'empriſonnement de ſon fils: car j'ignorois abſolument ce qui avoit pû porter le Gouverneur à cette violence. Mademoiselle Fidert aussi peu instruite que moi, n'avoit osé faire éclater ses allarmes ; & j'étois convenu avec elle de laisser passer quelques jours, après lesquels je devois m'adresser sans affectation au Gouverneur, pour sçavoir de lui-même le crime de son Jardinier, & pour solliciter sa grace. Il ne me vint point à l'esprit que le voyage du Chevalier Ecke pût avoir le moindre rapport à nous, ou si je lui croyois quelque autre commission que celle d'apporter les ordres de M. le Maréchal au Gouverneur, c'étoit peut-être de remettre à Mademoiselle Fidert quelque Lettre ou quelque autre témoignage d'amour. Ainsi lorsqu'il m'avoit demandé ce qui se passoit au Château, je m'étois cru d'autant mieux fondé à feindre de l'ignorance, qu'il ne me paroissoit pas vraisemblable qu'on l'entretînt d'un évenement aussi léger que les fautes & la punition d'un Jardinier.

Il se fit expliquer par le Gouverneur toutes les circonstances de l'avanture. Ne pouvant douter après ce récit que la foiblesse de Mademoiselle Fidert n'eût été volontaire, il crut pouvoir interpréter les ordres de M. le Maréchal,

D v

qui lui en avoit parlé comme d'une violence ; c'est-à-dire, que toute la faute tombant en apparence sur Mademoiselle Fidert, il jugea que la seule vangeance qui fût digne de M. de Schomberg étoit le mépris. Dans cette prévention, il fut sur le point de retourner au Camp sans avoir vû le prétendû Jardinier, dont il lui paroissoit inutile de tirer d'autres lumieres. Cependant le seul désir de se faire un mérite de son exactitude, lui fit changer de pensée. Il se le fit amener. Le déguisement de son fils ne l'ayant point empêché de le reconnôitre, il crut pénétrer tout d'un coup le nœud de l'avanture, & que ce jeune homme dont il se rappelloit l'ancienne inclination pour Mademoisellle Fidert, avoit réussi plus heureusement que M. le Maréchal dans une intrigue, où il n'entroit apparemment que de la galanterie. Tout l'attachement qu'il avoit pour M. de Schomberg n'auroit pû lui faire prendre sérieusement cette catastrophe, s'il ne s'étoit souvenu que dans l'embarras où son fils étoit encore pour les suites d'un combat qui n'étoit point pardonné, il avoit des ménagemens extrêmes à garder avec M. le Maréchal de qui ce pardon dépendoit. Dans l'inquiétude qu'il en eut, il résolut de laisser le Gouverneur dans l'erreur où il étoit, & de faire son rapport à M. le Maréchal suivant ses premiéres idées. Mais en interrogeant son fils sur les circonstances de sa bonne fortune, il mêla dans ses questions quantité d'éclaircissemens que celui-ci n'avoit jamais eus sur les galanteries de Mademoiselle Fidert. Il lui parla de mon commerce avec elle, qu'il avoit toujours ignoré; enfin, sans marquer aucun dessein de diminuer l'opinion qu'il avoit de son bonheur, il lui apprit ce qu'il y avoit de plus propre à l'empoisonner. Peut-être ne pensoit-il qu'à le guérir d'un attachement qu'il croyoit pernicieux à sa fortune par la concurrence de M. le Maréchal; mais le coup porta plus loin. Le jeune Ecke, dans l'étonnement de ce qu'il venoit d'entendre, reçût avec une soumission aveugle tous les conseils que son pere lui donna pour sa sûreté, & sans lui avoir fait la moindre ouverture, il alla se livrer dans son cachot à toute la violence de ses réfléxions.

Le Gouverneur qui avoit reçû ordre de M. le Maréchal de laisser au Chevalier Ecke une autorité absolue sur son Jardinier, vit avec surprise non-seulement qu'il ne recevoit aucune punition, mais qu'il étoit traité avec douceur. Si le Chevalier n'avoit osé lui rendre sur le champ la liberté, il s'étoit promis qu'en donnant au récit de sa commission le tour qu'il avoit médité, M. de Schomberg se borneroit au mépris pour un rival qu'il croiroit indigne de son ressentiment ; & dans cette espérance, il se contenta de recommander au Gouverneur de le mettre hors du Château sur le premier avis qu'il lui donneroit après son retour au Camp. Cette idée lui réussit. Mais à peine fut-il éloigné, que son fils fit conjurer Madame de Montcal de demander pour lui au Gouverneur la liberté de la voir. La curiosité seule nous l'auroit fait désirer ; & je ne doutai point que cette permission ne fût accordée à ma femme, sans autre soupçon que celui de la confiance que le prisonnier pouvoit avoir dans sa protection. Elle obtint qu'il lui fût amené. Ecke ne lui raconta ce qui s'étoit passé entre son pere & lui, que pour en venir au sujet de ses agitations. Sans oser se plaindre de moi, qui n'avois point eu de part à son mariage, ni de Madame de Montcal, qui ne s'y étoit prêtée que sur ses instances, il accusa le Ciel de rigueur, & Mademoiselle Fidert de la plus noire perfidie. Ma femme qui crut comprendre le sens de ce langage, lui répondit que rien n'étoit si injuste que le reproche qu'il faisoit à la sienne, puisqu'elle n'avoit point cherché à le tromper, & que les avantures de sa vie avoient été si publiques qu'elle n'avoit pas dû penser qu'elles lui fussent inconnûes. Mais elle s'apperçût bientôt par les plaintes insensées qui lui échapperent dans sa fureur, que c'étoient moins les intrigues passées qui révoltoient son imagination, que ses craintes pour le présent. Il avoit trouvé Mademoiselle Fidert dans ma famille. Il m'avoit vû de la froideur pour ses propositions de mariage. Madame de Montcal au contraire s'étoit agitée avec ardeur pour les faire exécuter. La jalousie avoit pris tout d'un coup un ascendant terrible sur l'imagination d'Ecke, avec toutes les noires impressions dont elle étoit capable dans un caractére tel que le sien. Leger, impétueux, défiant, sans modération & sans droiture, de quelles idées ne s'étoit-il pas déja rempli dans sa prison? Il ne put se contraindre assez long-tems pour garder les apparences de ménagement avec lesquels il s'étoit d'abord ouvert à Madame de Montcal. Il la conjusa de veiller sur ma conduite, & sur celle de sa femme. A peine écouta-t-il les preuves qu'elle lui donna de sa tendresse, & de la fidélité que j'avois pour elle-même. Il la plaignit d'un excès de crédulité & de bonne foi. Enfin regardant sa prison comme un supplice, par l'affreuse nécessité où il etoit de dévorer tous ses soupçons, il n'y rentra que le désespoir dans le cœur, & presqu'offensé contre Madame de Montcal qui avoit paru si peu disposée à flater ses caprices.

Je n'y fus sensible que pour l'intérêt de Mademoiselle Fidert, à qui de si tristes commencemens ne m'annonçoient pas un sort fort heureux pour l'avenir. D'un autre côté ayant compris par le recit qu'il avoit fait de la visite de son pere que nous n'avions rien à craindre du ressentiment de M. le Maréchal, & que le repos de Mademoiselle Fidert n'en seroit que plus à couvert de ses persécutions. J'exhortai Madame de Montcal à ne pas se lasser des efforts qu'elle avoit commencés, pour rendre l'esprit d'Ecke plus tranquille. Elle auroit continué de le voir; mais dès le lendemain, sur une lettre de son pere, signée de M. de Schomberg, le Gouverneur le fit conduire hors du Château, où il fit des instances inutiles pour obtenir la permission d'y rentrer. Par le même ordre, Mademoiselle Fidert recevoit la liberté de se retirer où elle jugeroit à propos. Elle fut affligée de ne devoir cette faveur qu'à la mauvaise opinion que M. de Schomberg avoit de sa conduite, & je jugeai moi-même qu'il devoit être passé à d'étranges sentimens pour renoncer avec cette fermeté à toutes ses espérances; mais je la consolai par l'avantage présent qu'elle en tiroit, & je lui fis envisager un tems où son honneur seroit réparé avec éclat. Comme nous lui avions caché les dispositions de son mari, elle étoit portée à sortir du château pour le suivre. Mais de concert avec Madame de Montcal, je lui représentai qu'en attendant du moins que nous eussions de ses nouvelles, mille raisons devoient la faire demeurer avec nous.

Il ne me restoit plus de ma blessure que la foiblesse où je devois être après un régime qui avoit duré plus d'un mois. Je brûlois de me retrouver assez de force pour me rendre au Camp, sur-tout lorsque j'eus appris que le Roi y étoit arrivé, & que l'on s'attendoit de jour en jour à joindre l'ennemi de si près qu'il ne pût éviter le combat ; Car malgré toute l'affectation des Jacobites à publier qu'ils nous cherchoient, on voyoit clairement que leur intérêt étoit de temporiser, pour grossir leurs troupes par les levées qu'ils faisoient continuellement, & pour fortifier les places qui étoient encore fermes dans leur parti. D'ailleurs quoique M. de Schomberg ne m'eût pas communiqué ses chagrins amoureux, je n'avois pas moins d'empressement de l'en entretenir. Le tendre attachement que j'avois pour lui m'avoit fait penser à lui découvrir que Mademoiselle Fidert étoit mariée, du moins si je m'appercevois que ce remède fût nécessaire à son repos. La victoire coûte moins aux honnêtes gens sur les plus fortes passions, quand c'est à l'honneur & à la vertu qu'ils croyent faire ce sacrifice ; & son crédit nous étoit si nécessaire pour rétablir Mademoiselle Fidert dans ses prétentions, qu'il me paroissoit important de ne pas lui laisser perdre avec l'estime & l'amour le penchant qu'il avoit à la servir.

Ainsi l'intérêt d'autrui me porta autant que mes propres désirs à négliger le conseil de mes Chirurgiens, qui m'assujettissoient encore à quelques semaines de repos. Mon embarras n'étoit que sur le lieu où je devois conduire ma femme & son amie; car Mademoiselle Fidert, à qui le plaisir de voir enfin sa fortune fixée par le mariage, tenoit lieu d'amour pour le jeune Ecke, souhaitoit impatiemment de le rejoindre, & craignoit même qu'il n'interprétât mal la lenteur qu'elle avoit eue à le suivre. Il falloit le guérir aussi des folles imaginations qui troubloient son repos, & ce n'étoit pas en retenant sa femme dans une place dont l'entrée étoit désormais inaccessible pour lui, que nous pouvions espérer de le ramener à la raison. Mais je fus délivré de cette inquiétude par une lettre d'Ecke, qui me conjuroit de faire partir sa femme sous la conduite du Messager qu'il m'envoyoit, & qui me marquoit que son dessein étoit de se retirer avec elle dans la Terre de son pere. Il s'étoit présenté secretement à M. le Maréchal, qui lui avoit conseillé de se tenir éloigné pendant le reste de la Campagne, en lui promettant de le rétablir l'année suivante; & prévoyant sans doute que son pere ne retourneroit pas si-tôt dans ses terres, il se proposoit d'y passer quelque tems avec sa femme, sous quelque titre qu'il voulût l'y faire recevoir. Tout étoit si mesuré dans sa lettre, que ne voyant que de l'avantage dans cette proposition pour Mademoiselle Fidert, par l'occasion qu'elle alloit avoir de justifier aux yeux de son mari sa conduite & ses sentimens, que Madame de Montcal ne fit pas plus de difficulté que moi de consentir à son départ. Elle lui donna les conseils d'une amie sage & éclairée, qui vouloit lui faire établir son bonheur sur la vertu. Nous ne doutâmes point qu'après avoir mérité la confiance de son mari, par des marques constantes de tendresse & d'attachement, elle n'obtînt de lui la permission de nous voir, & que notre amitié ne fût cultivée dans la suite avec plus de liberté & d'agrément. Elle partit: Madame de Montcal, qui avoit pris pour elle une vive affection, ne put la voir sortir du château sans s'attendrir jusqu'aux larmes; & soit que ce fût le simple pressentiment de l'amitié, soit que le souvenir des noires agitations d'Ecke lui laissât toujours quelque défiance, elle ne me parut pas tranquille sur les suites d'un voyage dont elle n'avoit pu s'empêcher néanmoins de reconnoître la nécessité.

Je ne vis plus d'inconvénient à la

laisser elle-même au Château de Biligargi, où la politesse du Gouverneur me répondoit autant que les ordres de M. le Maréchal, qu'elle seroit toujours traitée avec beaucoup de distinction. L'Armée étoit campée à Crezel, qui n'en étoit qu'à vingt-quatre milles. Je m'y rendis en deux jours; & je reçus, en arrivant, des reproches obligeans de M. le Maréchal & de tous mes Amis, qui m'accuserent de manquer de ménagemens pour ma santé. Le Roi, qui étoit au Camp depuis quelques jours, me traita avec la même bonté. Il voulut voir la cicatrice de ma blessure, dont on lui avoit parlé, comme d'un coup extraordinaire; & tournant ses félicitations avec beaucoup d'agrément, il me dit qu'il défioit toutes les Armes de ses Ennemis de m'ôter le cœur & la tête. Il ne fut point question pour moi de reprendre si-tôt mes fonctions; car la seule fatigue d'un voyage que j'avois fait avec assez de lenteur, me força de reconnoître que j'avois trop présumé de mes forces. Mais j'étois satisfait de me retrouver au Théatre de l'honneur, & je ne me serois jamais consolé, lorsque le Roi venoit prendre lui-même la conduite de son Armée, qu'on en fût venu à quelque action dont je n'eusse pas essuyé le péril.

Le Chevalier Ecke ne manqua point de me raconter ce qu'il ne regardoit plus comme un secret, depuis que M. le Maréchal avoit pris le parti de rendre la liberté à Mademoiselle Fidert. Il étoit toujours persuadé que son fils n'avoit pas d'autre lien avec elle que celui de la galanterie; & lorsqu'il eut appris qu'elle avoit quitté Madame de Montcal, il ne douta point que ce ne fût pour le rejoindre. Mais en me faisant le récit des premieres agitations de M. de Schomberg, il me parut craindre que s'il découvroit quelque jour par qui il avoit été supplanté, son ressentiment ne fût assez vif pour lui en faire tirer quelque vengeance. C'étoit pour me demander mon conseil, & pour s'appuyer de mes services, qu'il me faisoit cette ouverture. Je n'avois point encore eu d'audience particuliere de M. le Maréchal; mais dans l'espérance où j'étois de lui faire goûter le mariage de Mademoiselle Fidert, je rassurai le Chevalier par des promesses dont je me gardai bien de lui expliquer le sens. L'occasion de les exécuter s'offrit dès le même jour. M. de Schomberg me fit appeller. Je remarquai aiſément qu'il s'étoit fait violence pour différer ſi long-tems à m'entretenir ſeul. Enfin, me dit-il avec un profond ſoupir, je puis trouver un moment pour voir mon Ami, & pour lui parler à cœur ouvert. Connois-tu mes chagrins, cher Montcal, & ſçais-tu que cette Fidert pour qui j'ai eu tant d'amour, m'a préféré un miſérable Jardinier? Le voyant ſi touché, je ne pus lui faire attendre long-tems la conſolation que je croyois lui apporter. Non, lui dis-je, l'amour ne vous a pas fait cet outrage. Mais il vous enléve effectivement Mademoiſelle Fidert, par un mariage auquel votre généroſité vous auroit fait conſentir, ſi vous aviez ſçu toute l'utilité qu'elle en doit recueillir. Le Gouverneur de Biligarchi s'eſt trompé. Faites plus de fond ſur mon témoignage que ſur le ſien. Son Jardinier eſt un Homme de condition qu'il n'a pas reconnu dans ce déguiſement. Mademoiſelle Fidert, ajoutai-je, eſt mariée fort heureuſement; & loin d'avoir perdu la reconnoiſſance qu'elle doit à vos ſoins, elle ſe flatte que vous lui donnerez ſujet de l'augmenter par de nouveaux bienfaits.

Je m'étois bien promis de consoler M. de Schomberg, mais je ne me figurois point que cette nouvelle dût le combler de joie. Il parut aussi satisfait que si je l'eusse établi dans la tranquille possession de ses amours. Je n'avois point les lumieres qui auroient pû me faire expliquer ce changement. Il trouvoit dans le mariage de Mademoiselle Fidert une solution à toutes les difficultés de son Horoscope. Cependant il se crut en droit de me reprocher l'ignorance où je l'avois laissé de cet événement ; mais j'avois une réponse sincére dans le serment que je lui fis de l'avoir ignoré moi-même. Toutes ses peines étant dissipées par cet entretien, il en sortit si content, qu'il ne pensa pas même à me demander le nom de son Rival, & qu'il me promit pour Mademoiselle Fidert, tous les services qu'elle le jugeroit propre à lui rendre. Je le fis souvenir du besoin qu'elle avoit d'une protection puissante auprès du Roi, pour obtenir l'abolition qu'elle souhaitoit depuis si long-tems. Il me promit de ne rien négliger ; & quand on connoissoit son caractére, on devoit se reposer sur ses promesses.

La joie que j'en ressentis, fut si parfaite, que je dépêchai tout à la fois deux Couriers, l'un à Biligargi, & l'autre au Château de ..... où je supposois Mademoiselle Fidert déja bien établie. A l'égard du Chevalier Ecke, je pris encore sur moi le soin de lui déclarer le mariage de son fils ; mais je crus le devoir remettre après l'exécution des promesses de M. de Schomberg. Tant d'événemens, qui avoient flatté les desirs de mon cœur, contribuerent beaucoup plus au rétablissement de mes forces, que toutes les précautions qu'on m'obligeoit de garder. Je me vis bientôt en état de monter à cheval, & de suivre M. de Schomberg, qui étoit infatigable dans ses mouvemens. Il avoit repris le Camp de Belfast, où le Roi étoit arrivé le 24. de Juin ; & comme si la fortune eût pris plaisir à seconder toutes ses vûes, l'Ennemi se trouvoit campé dans la Plaine d'Andalke, où nous pouvions nous rendre en deux jours de marche par le plus beau chemin du monde. Le bruit que nous avions pris soin de répandre, que notre dessein étoit d'aller droit à Dublin, retenoit le Comte de Lauzun dans ce Poste, par la facilité qu'il se promettoit à nous couper le chemin près de Festerue, ou à fondre du moins fur notre arriere-garde. Nous fimes avancer de ce côté-là quelques Coureurs, qui servirent à confirmer la fauſſe opinion qu'il s'étoit formée de notre marche; & la prenant au contraire vers Andalke, nous fimes dès le premier jour les deux tiers du chemin. Quoique nous ne fuſſions plus qu'à huit milles de l'Ennemi, nous en étions féparés par deux Rivieres, dont la premiere moins large que profonde, ne pouvoit être paſſée nulle part à gué. Les Ponts étoient éloignés; & c'étoit peut-être dans cette confiance que l'Ennemi négligeoit d'envoyer de ce côté-là aux obſervations. Il nous fallut quelques jours pour conſtruire des Ponts, avec d'autant plus de difficulté, qu'il ne ſe trouvoit point de bois à plus de deux milles à la ronde. Le Comte de Solms, qui étoit venu à la ſuite du Roi, nous donna la méthode d'une conſtruction prompte & facile qui abrégea beaucoup le travail. La Cavalerie commençoit à paſſer, lorſque je vis arriver le Courrier que j'avois dépêché à Mademoiſelle Fidert. Il avoit fait une prodigieuſe diligence; mais la raiſon n'en pouvoit être plus preſſante. Il m'apportoit

non-

non-seulement le récit d'une suite de misérables avantures dont il avoit été témoin, mais encore des instances touchantes de la part de Mademoiselle Fidert, pour me faire employer l'autorité du Roi, à la délivrer d'une cruelle tyrannie. C'étoit ce même Valet qui avoit été long-tems près d'elle, & qui avoit commencé à la servir au Château de.... Elle l'avoit reçu avec la joie qu'on a de se voir un Domestique fidéle; & sans doute que celle d'apprendre de mes nouvelles, & de me voir confirmer mes promesses par de si prompts effets, avoit beaucoup augmenté sa satisfaction. Je n'avois recommandé aucune mesure à mon Valet, parce que je ne l'avois chargé de rien dont je n'eusse supposé que les deux Epoux devoient partager également la joie. Cependant Ecke, qui avoit observé les mouvemens de sa femme, n'avoit pû apprendre que le Courrier lui étoit venu de moi, sans se livrer à des fureurs qui avoient répandu l'allarme dans toute sa Maison. Il avoit traité Mademoiselle Fidert, à qui il ne faisoit point encore porter d'autre nom, avec des reproches & des menaces qui l'avoient fait tomber sans connoissance. Il l'avoit vûe sans pitié dans cet état ; & fortant brufquement pour aller à la Chaſſe, il avoit ordonné à mon Courrier de me dire de ſa part, que je devois me préparer tôt ou tard à lui payer plus d'une injure. Ce Garçon ſeroit parti ſur le champ, ſi Mademoiſelle Fidert, étant revenue à elle-même, ne l'eût arrêté pour le charger de ſes ordres. Elle faiſoit aſſez de fond ſur ſon caractére pour lui parler avec confiance. Ses larmes avoient commencé cette triſte ouverture. Depuis environ quinze jours qu'elle avoit rejoint ſon Mari, chaque moment avoit été pour elle un continuel ſupplice, c'eſt-à-dire, que l'ayant reçûe avec l'air farouche d'un Boureau qui voit ſa proie livrée entre ſes mains, il ne lui avoit fait que des reproches au lieu de careſſes ; & ſa premiere déclaration avoit été un ſerment de lui ôter la vie, ſi elle ne lui faiſoit l'aveu de toutes les familiarités qu'elle avoit eues avec moi. Quoiqu'elle n'eût jamais penſé à le tromper, & qu'elle n'eût pas même fait réflexion s'il étoit informé des termes où nous avions vêcu, elle ne pût ſe voir ſi preſſée par ſes queſtions, ſans craindre de s'expoſer aux plus terribles emportemens par une confeſſion trop ſincére. Le doute où elle s'imagina qu'il étoit, lui fit prendre le parti de se défendre par un désaveu formel, se figurant avec raison, que ce ne seroit pas de moi qu'il obtiendroit d'autres éclaircissemens, & que tout ce qu'il ne sçauroit pas d'elle ou de moi, ne pourroit jamais passer pour des certitudes. Mais lui, qui avoit non-seulement l'avis de son Pere, mais le témoignage même de Madame de Montcal, & qui cherchoit bien moins à s'instruire du passé, dont il ne doutoit pas, qu'à éclaircir ses soupçons sur le présent, il regarda l'obstination avec laquelle il lui entendit soutenir qu'elle n'avoit jamais eu d'autre commerce avec moi que celui de l'amitié, comme un odieux mensonge, qui tomboit également sur le présent & sur le passé. Il acheva le voyage dans un silence furieux, qui annonçoit à notre malheureuse Amie toutes les douleurs qui l'attendoient à…. A peine y étoient-ils arrivés, que s'enfermant avec elle, il n'avoit parlé que de poignard & de poison, pour lui arracher des lumieres qu'il ne vouloit plus devoir qu'à elle-même. La pointe du fer qu'il avoit tenu plus d'une fois suspendu sur son sein ; & plus encore l'aveu de

E ij

Madame de Montcal, qu'il lui faisoit valoir comme une preuve invincible, avoient enfin tiré de la bouche de Mademoiselle Fidert, toute l'avanture de Croydon. Il avoit insisté avec la même fureur sur la liaison qu'il lui soupçonnoit encore avec moi; & quoiqu'elle se fût défendue avec constance, son imagination blessée, ne s'arrêtoit pas moins à la premiere conclusion qu'il avoit tirée de son mensonge.

Dans le fond, il avoit été dur pour lui d'apprendre de son Pere & de Madame de Montcal ce que la disposition des conjonctures lui avoit fait ignorer, & le parti qu'il avoit pris de s'en consoler, étoit ce qu'on pouvoit attendre de plus modéré d'un Homme de son âge & de son caractére. Il n'étoit pas coupable non plus de vouloir éclaircir s'il ne restoit entre Mademoiselle Fidert & moi aucune trace de nos anciennes foiblesses; & sans compter les idées d'honneur qui sont propres au mariage, il suffisoit qu'il fût amoureux pour souhaiter que le cœur de sa femme fût à lui. Le malheur de Mademoiselle Fidert venoit donc d'un mal entendu, qui étoit l'effet de sa propre crainte. Elle n'avoit eu que deux voies à choifir, qui auroient peut-être satisfait également son Mari : l'une, d'avouer nettement qu'elle avoit passé quelque tems avec moi dans un commerce d'amour, & de protester ensuite avec la même franchise, qu'il s'étoit changé dans une liaison de pure amitié; l'autre voie qui devenoit même nécessaire après avoir commencé par un désaveu, auroit été de le soutenir au milieu de toutes les menaces & de tous les périls ; par cette raison dont elle avoit d'abord senti la force, que ne devant pas craindre que je l'eusse trahie, il n'y avoit point de témoignage qui pût l'emporter sur le nôtre, lorsque nous nous accorderions tous deux à combattre l'idée qu'on s'étoit formée de notre commerce. De ces deux partis, il sembloit que le dernier eût pû servir encore mieux que l'autre à tranquilliser l'imagination d'un Mari; car de quelque force qu'elle puisse s'armer contre les souvenirs du passé, elle ne s'endurcit jamais parfaitement contre certains regrets. Ecke auroit trouvé de la douceur à se flatter que son Pere & Madame de Montcal s'étoient trompés sur de fausses apparences. Mais quoique cette pensée se fût présentée plus d'une fois à mon esprit, & qu'après

E iij

avoir appris le mariage de Mademoiselle Fidert, j'eusse senti du penchant à lui en donner le conseil, le récit de Madame de Montcal, qui m'avoit assuré que les agitations d'Ecke ne regardoient point le passé, m'avoit fait croire que cette précaution étoit inutile.

Cependant ce mariage que notre Amie avoit regardé elle-même comme la fin de toutes ses infortunes, étoit devenu pour elle un tissu d'amertumes & de douleurs. Ecke, agité continuellement par les fureurs de la jalousie, n'avoit plus laissé passer de jour sans l'outrager par de nouveaux reproches. Dans les momens où sa passion l'emportoit sur ses noires idées, il se reprochoit ses injustices, il lui en demandoit pardon à genoux, il reconnoissoit que le passé n'appartenoit point à son engagement, & qu'il devoit être guéri de ses défiances présentes par la résolution qu'elle avoit prise de le suivre, autant que par la facilité qu'elle avoit eue à me quitter. Il paroissoit revenir alors de toutes ses agitations, & se livrer de bonne foi aux caresses de l'amour. Mais il ne s'étoit pas plutôt rassasié de plaisir, que retombant dans ses sombres réflexions, il redevenoit plus terrible que jamais par ses menaces, & dangereux même dans ses transports. Il n'avoit pû se modérer à l'arrivée d'un Courrier qu'il avoit reconnu pour un de mes Gens; & quoiqu'ayant lû ma Lettre, qui s'adressoit à lui comme à sa femme, il eût remarqué que je ne m'occupois que de leurs intérêts; ce soin même s'étoit présenté à son imagination comme une offense, jusqu'à ce que le poison qui infectoit son cœur, s'étant exhalé par un torrent d'injures, il avoit feint de prendre un fusil pour aller cacher sa honte.

Après cette triste peinture de ses peines, Mademoiselle Fidert conjura mon Valet de me solliciter par toute l'amitié que j'avois pour elle, de m'employer autant pour la délivrer d'une situation si cruelle, que pour obtenir du Roi la faveur que je lui faisois espérer. Mais tandis qu'elle croyoit parler sans témoins, Ecke étoit à l'écouter, s'il avoit entendu patiemment le détail de ses fureurs, il ne put soutenir la résolution que sa femme marquoit de le quitter, & l'interprétant dans le sens de la jalousie, il s'approcha d'elle avec de nouveaux transports, en jurant qu'il lui feroit payer cher un dessein qu'il traita d'horrible infâmie, mon Valet effrayé d'un orage qu'il craignit de voir à la fin tomber fur lui, remonta promptement à cheval, & s'éloigna de Canterftrof. L'impreffion qui lui reftoit de la triftesse & du danger de fon ancienne Maîtresse, lui avoit fait mettre à fon retour la moitié moins du tems qu'il auroit employé pour s'y rendre.

Le mouvement des Armes, & l'approche d'une Bataille qui paroiffoit déformais inévitable, ne réfroidirent point l'ardeur que je me fentis pour le fervice de cette femme infortunée. M. le Maréchal étoit avec le Roi fur le bord de la Riviere, à voir défiler la Cavalerie, qui paffoit le nouveau Pont. Je m'approchai de lui, & le priant de m'écouter à l'écart, je lui expliquai en peu de mots la malheureufe fituation d'une femme qu'il avoit aimée. Il en fut touché. Je lui traçai en même tems ce qu'il avoit à faire pour la fervir. Il me fut impoffible de ne pas mêler le nom d'Ecke dans cette explication. Quoique M. de Schomberg n'apprît point fans reffentiment qu'il avoit été trompé par le pere & le fils, il fupprima les plaintes pour exécuter promptement ce que je le fuppliai de ne pas remettre plus loin

Mon plan étoit de rappeller Ecke à l'Armée, & d'engager le Roi dans une occasion si favorable à déclarer hautement qu'il faisoit grace à Mademoiselle Fidert pour son Parricide. Ecke étant obligé de quitter le Château de Canterstrof, sa femme seroit autorisée par le changement de ses affaires, à se rendre dans sa Maison Paternelle, où elle vivroit du moins pendant quelque tems dans l'indépendance, & c'étoit rémédier au plus pressant de ses maux, que de lui donner une double raison de s'éloigner de son Mari.

M. de Schomberg demanda aussi-tôt ces deux graces au Roi. Elles furent accordées sur le champ au souvenir des soupirs de Croydon. Oui, dit ce Prince, en levant la voix au milieu de vingt Officiers généraux, je ne puis faire trop tôt connoître aux Irlandois que je les aime. Il prit la peine de donner lui-même un tour favorable au crime de Mademoiselle Fidert, en l'attribuant à la fureur de l'amour, & déclarant d'ailleurs qu'il ne vouloit rien approfondir, lorsqu'il étoit question de la premiere grace qu'il eût accordée à l'Irlande, il affecta de faire croire que par cette considération il ne s'arrêtoit pas scrupuleufement à ſes principes. Il n'y eut perſonne qui ne ſe perſuadât qu'à la veille d'une Bataille il avoit voulu gagner effectivement les Irlandois par un exemple extraordinaire de clémence. Le pardon du jeune Ecke fut accordé au même moment. Je me fis apporter auſſi-tôt une plume que je pris la liberté de préſenter moi même au Roi, en lui diſant qu'une grace accordée à la tête de ſon Armée, devoit porter dans la forme quelque choſe de militaire. Il eut la bonté de ſigner ſon nom au bas d'un papier que je fis contre-ſigner par M. de Schomberg; je le remplis de quelques lignes dont je leur fis la lecture; & tandis que tout le monde badinoit de cette nouvelle méthode d'expédition, je demandai à M. le Maréchal la permiſſion de faire partir un de ſes Gardes pour la porter au Château de Canterſtrof.

Ce n'étoit pas ſans raiſon que je choiſiſſois un Garde de M. de Schomberg pour cette commiſſion. Outre qu'il ne me convenoit plus d'y employer un de mes Gens, j'avois formé deux projets qui ne pouvoient réuſſir aiſément que par cette voie. L'un étoit de faire venir le jeune Ecke au Camp, ſans qu'il pût alléguer aucun prétexte pour différer son départ; & comme il auroit été choc-quant pour lui de le faire amener par une Escorte, il n'y avoit qu'un Garde qui pût le forcer tout d'un coup à l'obéissance. D'un autre côté je voulois me procurer naturellement l'occasion d'apprendre au Chevalier Ecke le mariage de son fils, & le disposer même à joindre ses ordres à ceux de M. le Maréchal pour le rappeller à l'Armée; car je me défiois encore qu'il y voulût consentir, & qu'il ne préférât pas de perdre sa Compagnie à la nécessité d'abandonner sa femme à elle-même. Son Pere, quoiqu'extrêmement surpris de son mariage, marqua moins de chagrin de cette nouvelle, que de crainte d'avoir déplû à M. le Maréchal par la conduite qu'il avoit tenue à Biligargi. Il consentit à charger le Garde d'un ordre particulier de sa main, auquel je joignis celui que j'avois tiré de M. de Schomberg.

Cependant toute l'Armée qui étoit composée de plus de cinquante mille Hommes, ayant passé la Riviere avant la fin de la nuit, le Roi lui accorda quelques heures pour se rafraîchir, & l'ordre fut donné en même tems de distribuer la poudre & tout ce qui étoit nécessaire pour le combat. Nous n'étions plus séparés de l'Ennemi que par la Boyne, petite Riviere qui pouvoit être passée à gué dans mille endroits. M. de Schomberg, que j'avois l'honneur d'accompagner de fort près, me fit approcher encore plus, pour me demander ce que je pensois du Chevalier Ecke; & si je croyois qu'après la trahison dont il s'étoit rendu coupable à Biligargi, il dût lui laisser le commandement de ses Gardes dans un jour de Bataille. Cette question m'ayant surpris jusqu'à m'ôter le pouvoir de répondre, il continua de me dire que j'ignorois sans doute jusqu'où le Chevalier avoit porté la perfidie, & qu'il ne se figuroit pas du moins que sa hardiesse eût été jusqu'à s'en venter. En le faisant partir pour Biligargi, il avoit été obligé de lui confier toute l'histoire de ses amours, & l'ayant chargé de sa vengeance, il n'avoit pas fait difficulté de lui apprendre que Mademoiselle Fidert n'avoit jamais eû de retour pour sa tendresse. Or s'il étoit certain que c'étoit avec son fils qu'elle avoit été surprise, & qu'elle l'eût enfin épousé ensuite, il ne l'étoit pas moins, que le Chevalier avoit vû son fils dans sa prison; d'où il falloit conclure non-seulement qu'à son retour il avoit trompé M. le Maréchal par des fables, mais qu'il s'étoit servi de sa confidence pour favoriser le mariage de son fils, c'est-à-dire, précisément pour trahir son attente, & lui ravir une Maîtresse dont il ne lui avoit pas caché que tout son bonheur étoit d'être aimé. Fierai-je ma vie, reprit-il, à celui qui m'a trompé avec cette cruauté & cette bassesse ?

Il y avoit de la justice dans une partie de ces plaintes ; mais j'aurois pû justifier le Chevalier Ecke sur tout ce qui avoit rapport au mariage de son fils, puisque j'étois certain par mille raisons qu'il l'avoit ignoré. Je lui devois même cette justification, & j'allois l'entreprendre, lorsque le Roi, qui n'avoit cessé un moment d'être à cheval pendant toute la nuit, se trouva vis-à-vis de M. le Maréchal, & le reconnut à la clarté des premiers rayons du jour. Il fut à nous au même instant. M. le Maréchal n'eut que le tems de me dire : Je suis le plus malheureux de tous les hommes. Tout me trahit, l'amour & l'amitié. Que j'en augure mal pour le succès de cette journée. Je n'ai que toi, Montcal, ajouta-t-il. Va dire de ma part au Chevalier que je ne veux plus de ſes ſervices, & prens le commandement de mes Gardes. L'arrivée du Roi ne me laiſſa point la liberté de répondre. Je me retirai pour exécuter les ordres de mon maître & de mon ami, en gémiſſant de la triſteſſe de ſon cœur, mais en plaignant auſſi le Chevalier Ecke, que je croyois excuſable, & que cette diſgrace alloit néanmoins déshonorer. Je ne fus pas long-tems à le joindre. Je lui déclarai les intentions de M. de Schomberg, ſans pouvoir me défendre de lui en expliquer en peu de mots les raiſons. Un coup de foudre l'auroit moins abbatu. J'ai prévû, me dit-il, que cette malheureuſe avanture me coûteroit ma fortune; mais il me fait un tort cruel. Je ne ſuis capable ni de le trahir, ni de ceſſer de l'aimer. Il me quitta d'un air déſeſpéré, ſans prêter l'oreille à la promeſſe que je lui faiſois de juſtifier ſon innocence aux dépens de ma vie. Ainſi l'amitié & l'amour jouerent leur rôle au milieu des Armes, & nous occupoient autant que le deſir de la gloire.

Cependant l'Ennemi qui nous découvrit à la pointe du jour, commença auſſi-tôt à faire entendre ſon Artillerie, dont les premiers coups furent pointés apparemment contre ceux qui avoient reçu ordre du Roi de reconnoître les gués & les passages. Ce Prince s'étant lui-même approché de la Riviere, fut blessé d'un coup de canon qui lui effleura l'épaule. Mais n'en étant pas moins en état d'agir, il se détermina enfin à passer la Boyne aux yeux de l'Armée Jacobite, que le Comte de Lauzun rangeoit de l'autre côté en Bataille. Il parut bien que l'Ennemi ne s'attendoit point à tant de diligence, & qu'après une marche de plusieurs jours, il s'imaginoit que nous en prendrions un du moins pour nous rafraîchir. Notre étonnement étoit de le voir occupé à faire une variété d'évolutions & de mouvemens à plus d'un mille du bord de la Riviere, tandis que M. de Schomberg, qui avoit déja reçu ordre de passer avec la Cavalerie, s'avançoit à la tête de soixante-deux Escadrons; comme si les Jacobites eussent cru qu'il n'approchoit de la Boyne, que pour se faire voir sur les bords. Cependant lorsqu'ils eurent remarqué qu'il commençoit sérieusement le passage, leur Cavalerie se détacha au petit galop pour venir recevoir la nôtre, & leur Infanterie se mit en marche avec la même diligence.

M. de Schomberg étoit déja paſſé avec plus de vingt Eſcadrons. Il fondit impétueuſement ſur le premier Corps de la Cavalerie Ennemie, qui s'étoit hâté plus que les autres, & dans un inſtant il le tailla en piéces avec un ſi furieux carnage qu'il n'echappa point vingt hommes de huit Eſcadrons, dont il étoit compoſé. Les ſuivans qui auroient été expoſés au même ſort dans le déſordre où ils s'avançoient à la queue les uns des autres, arrêterent tout court, pour ſe mettre en ordre de bataille, & pour attendre leur Infanterie. La nôtre commençoit à paſſer la riviére ſous la conduite de Mylord Douglas, & du Général Major Kirex. Et l'éloignement où celle de l'ennemi étoit encore, ſembloit nous promettre d'autant plus de liberté, que le deſſein de M. de Schomberg étoit de l'attaquer, dès qu'il auroit toute ſa Cavalerie de l'autre côté de la Boyne. Le Roi qui l'avoit paſſéé des premiers, ſe tenoit entre les deux parties de ſon Armée, qu'il voyoit paſſer à droite & à gauche, expoſé au canon de l'ennemi comme le dernier ſoldat, & marquant de la main à chaque Troupe le poſte qu'il vouloit qu'elle occupât. Il quitta tout d'un coup le ſien pour s'avancer vers la Cavalerie au moment qu'elle achevoit de paſſer. Quoiqu'il fût convenu avec M. le Maréchal qu'il attaqueroit les ennemis en flanc, lorſque Mylord Douglas les auroit joints avec l'Infanterie, il crut remarquer à la diſpoſition du terrain qu'il auroit plus d'avantage à les prendre par derriére, & les voyant eucore aſſez loin pour aller lui-même un peu plus avant à la découverte des lieux, il vouloit gagner la hauteur à la tête de quarante ou cinquante Officiers qui faiſoient toute ſa ſuite. Mais les inſtances de M. de Schomberg le firent demeurer au front de la Cavalerie, tandis que ce Général entreprenant de ſuppléer à ſes vûes, s'avança effectivement avec le même cortége. L'Infanterie Ennemie, qui s'étoit miſe en marche avec tant d'ardeur, dans l'eſpérance d'arriver aſſez tôt pour nous diſputer le paſſage, s'arrêta tout d'un coup, lorſqu'elle s'apperçût que notre Cavalerie étoit entiérement paſſée, je fis remarquer à M. le Maréchal que c'étoit apparemment pour tirer avantage de l'inégalité du terrain, qui alloit en pente depuis le lieu où ils étoient juſqu'à la riviére, & le mouvement de leur Cavalerie qui ſe retira auſſi-tôt pour les rejoindre, confirma mon obfervation. Il y avoit beaucoup d'apparence que ce qui n'auroit été qu'une rencontre tumultueufe, s'ils fuffent arrivés avant le paffage de notre Cavalerie, alloit devenir un combat réglé, lorfque notre Infanterie auroit achevé de paffer. Mais dans l'éloignement où ils étoient encore, M. de Schomberg n'ayant pas fait difficulté de s'avancer prefqu'à la moitié de la diftance qui nous féparoit d'eux, nous vîmes un nombre de leurs Cavaliers qui ne nous parut pas fupérieur au nôtre, prendre leur courfe vers nous avec l'apparence de vouloir nous attaquer. On a prétendu depuis que c'étoit le Duc de Berwick, qui s'étant figuré que le Roi étoit avec nous, avoit entrepris avec fes plus braves Officiers de le tuer, ou de l'enlever avant qu'il pût être fecouru. Comme il n'étoit pas queftion d'éviter une attaque dont nous étions bien fûrs de faire partager le péril à nos Ennemis, nous nous préparâmes à les recevoir de bonne grace. Le premier choc fut bien violent, fans être meurtrier; parce que dans l'ardeur qui animoit de part & d'autre deux partis qui n'étoient compofés que de gens de diftinction, la confufion d'une rencontre fi vive rendit prefque tous les coups inutiles. Je fus pouffé d'abord jufqu'au dernier rang, avec une partie des Gardes de M. de Schomberg que j'avois amenés à la fuite. Mais tandis que je faifois les derniers efforts pour regagner le terrain que j'avois perdu, le deffein des ennemis fe déclaroit par les coups terribles qui fe réuniffoient autour de M. de Schomberg, où la mêlée étoit devenue fort fanglante en un moment. Au défaut du Roi, ils paroiffoient acharnés contre la vie de fon Général; & beaucoup plus vîte que je ne pus me faire jour jufqu'à lui pour le fecourir, un Irlandois, que je reconnus bientôt pour Harryfitz, l'abbatit d'un coup de piftolet. Ce Héros infortuné tomba de fon cheval, & fon dernier fort auroit été d'être écrafé auffi-tôt, fi le Chevalier Ecke que je n'avois point apperçû dans notre Troupe, & qui fe trouvoit près de lui dans ce moment, ne fe fût jetté à terre auffi promptement que M. de Schomberg y étoit tombé, & n'eût employé tout l'avantage qu'il avoit à pied pour écarter les chevaux. Mais étant bleffé auffi-tôt lui-même, & voyant qu'Harryfitz cherchoit à percer M. le Maréchal de la pointe de fon épée, il ne penfa plus qu'à fe jetter devant fon

Maître, qui respiroit encore, & qu'à parer aux dépens de sa vie les coups qu'on lui portoit. Il la perdit au même moment, sans que sa mort pût garantir M. de Schomberg. Harryfitz acheva sa vengeance, en le perçant deux fois de son épée; & ce qui n'excita pas moins de pitié & d'admiration que le généreux dévoument du Chevalier Ecke, un de ses valets de chambre, nommé Ferry, qui l'avoit suivi pas à pas avec un cheval de main, s'étant jetté sur son corps pour lui servir aussi de bouclier, y fut tué au même moment de plusieurs coups.

La fureur qui se répandit dans toute notre Troupe ne laissa pas durer long-tems l'opinion que nos ennemis eurent de leur victoire. Ils perdirent plus de la moitié de leurs gens, & l'on assura que le Duc de Berwick avoit été blessé. Pour moi, qui, malgré tous les efforts que j'avois faits pour rejoindre mon maître, n'avoient pû m'ouvrir assez tôt un passage, je n'arrivai près de lui qu'au moment qu'Harryfitz lui portoit le dernier coup. Ce spectacle, joint à celui du Chevalier Ecke que je voyois étendu de son côté dans un ruisseau de sang, m'auroit fait tomber les armes des mains, si l'ardeur de la vengeance ne m'eût rendu autant de force que la tendresse de l'amitié étoit capable de m'en ôter. Je traitai barbarement Harryfitz, il faut que je le confesse ; car après lui avoir fendu la tête du tranchant de mon épée, je la lui plongeai trois fois de suite dans le sein. D'autres le vengerent aussitôt en me traitant avec la même cruauté. Je fus abbatu de plusieurs blessures, qui me firent perdre tout d'un coup la connoissance, & je ne pus jouir du plaisir de voir nos ennemis forcés de prendre la fuite au nombre de douze, qui n'étoient qu'environ le quart de leur Troupe.

Je ne leur refuse point la gloire d'avoir combattu avec une valeur obstinée ; & s'il est vrai que le Duc de Berwick fût le Chef de ce détachement, il s'est vanté sans doute d'être sorti fort heureusement d'une des plus dangereuses occasions de sa vie. La victoire auroit même été plus incertaine , si le dessein de tuer M. de Schomberg, pour lequel ils avoient réuni tous leurs efforts, ne leur eût fait négliger peut-être le soin de se défendre. Mais dois-je donner le nom de victoire à la plus grande de toutes nos pertes ? Il n'y eût point d'exception dans la douleur publique. Toute l'Armée regreta un Général qui s'étoit fait aimer dès qu'il avoit paru en Angleterre, & qui par l'effet de ses qualités personnelles avoit étouffé insensiblement jusqu'à l'envie dans ceux qui avoient été presqu'également allarmés de la grandeur de sa réputation, & de la faveur extraordinaire où il s'étoit élevé tout d'un coup auprès du Roi. Si la fortune lui avoit offert peu d'occasions de signaler son courage dans les deux Campagnes qu'il avoit faites en Irlande, il n'en étoit que plus glorieux pour lui d'avoir arrêté à si peu de frais les entreprises de l'ennemi ; & d'ailleurs son unique dessein ayant toujours été de réduire les Jacobites dans quelque détroit où il pût les accabler tout d'un coup, il ne pouvoit l'avoir exécuté mieux, puisqu'en mourant il les laissoit à l'instant d'une bataille qui devoit renverser toutes les espérances de leur parti.

Elle ne fut vûe du côté de l'Infanterie, que par la vigoureuse attaque de la nôtre, car malgré l'avantage que les ennemis avoient à tirer de leur situation, à peine eurent-ils essuyé le premier feu, que se mettant en désordre, ils soutinrent mal l'impétuosité de Mylord Douglas, & du Général Kirex. En vain le Duc de Berwick fit-il des effets merveilleux pour les encourager. Ils furent rompus, avec si peu d'espérance de pouvoir se rallier, que le Duc les abandonnant avec indignation, passa à la Cavalerie, qui avoit fait face avec plus d'honneur à la nôtre, & qui soutint long-tems le combat. Elle fut néanmoins renversée par le Roi même, qui avoit animé la sienne à venger la mort de son Général. Suivant les relations qui furent publiées à Londres, & que je ne lûs qu'après mon rétablissement, la déroute des Jacobites fut si complette que de plus de quarante mille Irlandois que le Roi Jacques avoit ramassés depuis son débarquement, il n'y en eût pas dix qui parussent après la bataille, soit que les autres eussent péri dans leur fuite, soit qu'étant rebutés de leur disgrace, ils eussent pris le parti de se retirer dans leurs Provinces, & d'abandonner le service du Roi Jacques. Les François, mal secondés par ces mauvaises Troupes, se retirerent en assez bon ordre à Limerick, sous la conduite d'un Officier de leur nation, nommé Boisselat; tandis que le Roi Jacques, avec le Duc de Berwick & le Comte de Lauzun, allerent se consoler de leur perte en France.

On avoit pris soin du corps de M. le Maréchal ; mais celui du Chevalier Ecke & le mien étant demeurés sur le champ de bataille, il n'y eût qu'une faveur extraordinaire du Ciel qui pût me sauver d'être mille fois écrasé par la Cavalerie. L'action générale se passa à si peu de distance qu'étant revenu à Pixois la nuit suivante, soit par la fraîcheur de l'air, soit par le mouvement que je reçûs de ceux qui me vinrent dépouiller de mes habits, je conservai assez de présence d'esprit pour remarquer autour de moi des tas d'hommes & de chevaux morts, que le Roi avoit déja donné ordre qu'on rassemblât, pour les enterrer dès le lendemain. Ceux entre les mains de qui je tombai ne me parurent pas fort touchés de la priere que je leur fis de prendre soin de ma vie ; cependant lorsqu'en remuant à peine la langue, je leur eus appris que j'étois un Officier de quelque distinction, qui leur promettois de récompenser libéralement leurs services, ils me souleverent entre leurs bras, pour me mettre sur une voiture qui étoit déja chargée de quelques Officiers blessés, à qui les mêmes espérances leur avoient fait rendre apparemment le même office. S'il me restoit quelques goutes de sang

sang qui ne fût pas sorti par mes blessures, elles acheverent sans doute de s'écouler dans ce mouvement, car ayant encore une fois perdu la connoissance, je ne la retrouvai que plus d'une heure après, dans la cabane d'un paysan où je fus transporté; & ceux à qui je fus redevable d'un si grand bienfait s'embarrasserent peu après m'avoir placé dans la voiture, si ma vie pouvoit se soutenir long-tems sans d'autres secours.

Cependant mes gens, qui n'avoient pas eu de peine à s'assurer de mon sort, étoient à me chercher aussi dans le même endroit du champ de Bataille; mais la multitude de Valets & de Vivandiers qui y étoit répandue, les ayant empêché d'étendre bien loin les yeux autour d'eux, quoiqu'on eût allumé de toutes parts quantité de feux & de flambeaux, ils ne découvrirent la route qu'on m'avoit fait prendre, qu'après avoir employé une partie de la nuit à me chercher inutilement. Ayant appris enfin qu'on avoit transporté dans diverses voitures quelques Officiers qui n'étoient pas morts, ils se flaterent que je pourrois être de ce nombre. J'étois encore, si non sans connoissance, du moins sans voix & sans forces, lorsqu'ils arriverent

III. Partie. E

à la cabane. L'obscurité y étoit grande, & les secours encore si éloignés, qu'avant que de les recevoir, j'aurois perdu misérablement le peu de vie qui me restoit. Mes gens me reconnurent tout d'un coup, parce qu'on m'avoit laissé mes habits. Ils me rendirent des soins si empressés, que m'ayant rappellé quelque apparence de chaleur, je me trouvai en état de distinguer Harryfitz, qui avoit été transporté comme moi sur quelques espérances qu'on avoit eu la force de donner à ceux qui l'avoient découvert. Ses blessures ne le cédoient guéres aux miennes. Je l'avois abbattu d'un coup de sabre sur la tête; & je lui en avois enfoncé trois fois la pointe dans l'estomac. Il est vrai qu'avec les mêmes coups, j'en avois reçû un de plus sur la tête, & deux sur le bras gauche. Mais le secours de mes gens m'ayant rappellé la connoissance, je pus reconnoître Harryfitz, qui n'étoit pas en état d'ouvrir les yeux pour me distinguer. Dans la mortelle foiblesse où j'étois, je ne laissai pas de me rappeller toutes les images qui m'étoient restées du combat; & quelque ardeur qui m'eût porté à venger la mort de M. le Maréchal, je me souvins avec quelque bonté que son Meurtrier, cet Harryfitz que j'avois traité si cruellement, m'avoit sauvé dans un autre tems la vie & la liberté. Si je l'avois puni d'avoir cherché sa gloire aux dépens d'une tête si précieuse, il me sembla que je pouvois satisfaire aussi ma reconnoissance en lui faisant donner le secours qui étoit nécessaire à sa situation. Sans le désigner autrement que par un signe, j'attachai mon Chirurgien à le servir. Le soin qu'on me vit prendre de lui porta ensuite mes gens à le faire transporter avec moi dans le Bourg voisin, où il fut logé sous le même toit & traité avec les mêmes attentions.

Madame de Montcal n'attendit pas la certitude de mes blessures pour quitter Biligargi. Sur le premier bruit qui se répandit de notre victoire, & sur mon silence qu'elle trouva long dans une telle conjoncture, elle prit le parti de se rendre aux bords de la Boyne, où la nouvelle de la mort de M. le Maréchal lui fit d'abord penser que j'étois uniquement occupé d'un si funeste événement : mais elle apprit enfin la part que j'avois eu à l'infortune de ce grand homme, & les sentimens qu'elle me connoissoit pour lui, la persuaderent d'abord que mes blessures n'étoient pas les plus douloureux

F ij

de mes maux. En effet, ma consternation & ma douleur ne firent qu'augmenter tous les jours, tandis que le danger de mes blessures diminua bien-tôt sensiblement. Non-seulement je renonçai à tout espoir de fortune militaire, après la mort de mon protecteur & de mon ami, mais je résolu d'abandonner le service ; ce fut-là la promesse que j'adressai à Madame de Montcal, en voyant les pleurs que ma situation lui faisoit répandre.

En assurant qu'aucune de mes blessures n'étoient mortelles, les Chirurgiens ne me rendoient pas mes forces, qui sembloient m'avoir quitté sans retour par l'épuisement absolu de mon sang. Je passai plus de trois semaines dans cet état, sans être capable de m'occuper d'autres soins que ceux d'une si ennuyeuse situation. Harryfitz étoit traité dans une autre chambre ; mais s'il ignoroit à qui il avoit l'obligation de ce bienfait, j'avois absolument oublié le service que je lui avois rendu. Il avoit été si mal que la curiosité n'avoit pû l'occuper beaucoup. Cependant il ne put entendre mon nom de mes domestiques, sans se faire instruire du lieu où il étoit, & par quelle générosité ou quel intérêt on lui rendoit des services si empressés. Il frémit en apprenant qu'il étoit sous mon pouvoir. Les circonstances du combat n'étoient point effacées de sa mémoire. S'il se souvenoit d'avoir ôté la vie avec un acharnement cruel au Maréchal de Schomberg, il n'avoit pas oublié non plus que c'étoit de moi qu'il avoit reçû le premier coup de sabre qui l'avoit abbattu ; & se trouvant percé de plusieurs autres coups, il se figuroit aisément qu'ils étoient tous partis de la même main. Mes gens, qui remarquerent son inquiétude, me rappellerent ce que j'avois fait pour lui en m'apprenant qu'il étoit si près de moi ; ou plutôt me parlant de lui sans le connoître, ils brûloient eux-mêmes d'apprendre quelles pouvoient être les raisons qui m'avoient porté à le servir, & qui paroissoient lui faire regreter de m'avoir cette obligation. Non-seulement je cachai son nom & son forfait, mais le faisant assûrer aussi-tôt que je n'avois pas perdu le souvenir de Kanan, j'ajoutai quelques termes vagues par lesquels je lui faisois entendre qu'il s'étoit fait dans mon cœur une compensation d'injures & de bienfaits.

Il n'avoit pas manqué de se faire raconter aussi la disgrace irréparable du

Roi Jacques; & répondant fort bien au soin que j'avois eu de lui faire parler avec quelque obscurité, il me fit dire avec la même précaution que c'étoit un malheur pour lui & pour moi que nos blessures nous retinssent dans un lit. Je ne vis dans ce langage que l'ardeur d'un Homme de guerre, qui regrete de ne pouvoir être utile à son Parti ; mais elle me donna occasion de réflechir si je pousserois l'oubli de son attentat jusqu'à lui rendre la liberté après sa guérison. Il me l'avoit rendue à Kanan ; & je comprenois bien d'ailleurs qu'après tant d'actions fameuses par lesquelles il s'étoit attiré la haine des Protestans, il n'y avoit guéres de tempérament entre le retenir Prisonnier, & le dévouer au supplice. Mais pouvois-je aussi le rendre libre sans m'exposer moi-même au ressentiment, & peut-être au mépris de tous les Amis de M. de Schomberg, à qui l'on ne feroit jamais comprendre qu'il y eût des raisons assez fortes pour m'avoir fait épargner la vie, & prendre soin même de la santé de son Meurtier ? Il ne falloit pas espérer qu'en sortant de mes mains, il pût cacher que M. de Schomberg étoit mort par les siennes, & c'étoit m'exposer non-seulement à la haine de tous ceux à qui ce grand nom étoit cher, mais aux reproches éternels de mon propre cœur.

Aussi-tôt qu'il fut en état de se faire transporter jusqu'à ma chambre, il me fit demander instamment la liberté de me voir. Je me fis presser plus d'une fois, & j'affectai de n'y consentir que d'un air chagrin. Malgré le service que je lui avois rendu, il sentoit fort bien que je ne pouvois l'aimer, & que la reconnoissance avoit eu à combattre des mouvemens bien opposés, pour me faire prendre quelque intérêt à sa guérison. Aussi commença-t-il par me confesser qu'il regretoit lui-même d'avoir privé l'Europe d'un de ses plus grands Hommes, & qu'il se croyoit d'autant plus coupable, que le motif de la gloire avoit eu moins de part à son action, que la force d'un ressentiment personnel. Il n'avoit jamais pardonné à M. de Schomberg de l'avoir fait condamner au supplice, après l'affaire d'Oxmanton, & depuis ce tems-là toutes ses vûes s'étoient tournées à la vengeance. Mais en s'accusant de barbarie, il me fit une proposition qui me fit douter que son repentir fût sincére, ou qui me donna lieu du moins de me fier moins que jamais à son cara-

F iiij

étére. Boisselat s'étoit renfermé dans Limerick avec les François, & le Roi Guillaume, qui ne vouloit pas repasser la Mer sans avoir détruit toute l'Irlande, s'étoit attaché lui-même à ce Siége avec ses meilleures Troupes. Harrysitz, mécontent de voir ses services mal récompensés par le Parti Jacobite, me proposa de rendre un service essentiel au Roi Guillaume, en faisant périr d'un seul coup la Garnison de cette Ville. Il étoit né à Limerick. Connoissant tous les détours de la Ville, il y avoit remarqué un souterrain qui regnoit sous un long corps de cazerne, où il ne doutoit pas que tous les François ne fussent logés. Il n'en ignoroit pas non plus la sortie qui donnoit dans un fossé sec, & la montagne servant de ce côté-là de défense naturelle à la Ville, il jugeoit que la garde s'y faisoit avec négligence. Son dessein étoit de transporter quelques milliers de poudre dans le souterrain, pour faire sauter le corps de cazerne & tous ceux qui l'habitoient. Ce projet lui paroissant infaillible, il regretoit que nous n'eussions point été en état de l'exécuter, avant que le Roi Jacques, qui avoit passé quelques jours à Limerick après sa défaite, eût quitté cette Ville pour se rendre à Kinsal, d'où il étoit parti ensuite pour retourner en France.

Malgré tous mes engagemens au service de l'Angleterre, je ne pus entendre sans horreur le plan d'une entreprise qui devoit coûter la vie à cinq ou six mille Hommes de ma Nation, sans pouvoir tirer l'épée pour se défendre. Si j'excitai Harryfitz à m'expliquer toutes ses idées, ce ne fut que pour m'assurer les moyens de couper le cours à cette perfidie. Mais je n'eus pas besoin d'y employer beaucoup d'efforts; ses blessures ne lui permettant non plus qu'à moi de penser lui-même à l'exécution de ses vûes, il ne me les communiquoit que pour m'engager à donner cette ouverture à Mylord Douglas, qui commandoit sous le Roi au Siége de Limerick. Je feignis de les approuver, jusqu'à faire prendre une plume à Madame de Montcal, pour en écrire toutes les circonstances ; & lui promettant de faire valoir son zéle, je le renvoyai fort satisfait de ses espérances. Mais je ne m'occupois au fond qu'à trouver quelque voie indirecte pour les faire manquer, & le Ciel me l'offrit en amenant chez moi Mylord Gallouay, qui

F v

se détourna de quelques milles pour me marquer la part qu'il prenoit à ma situation. Il étoit parti de Londres avec des nouvelles importantes qu'il portoit au Camp de Limerick, & qui déterminérent bientôt le Roi à quitter l'Irlande pour se rendre à la Haie. Je lui proposai mes scrupules sur l'offre qu'on me faisoit de perdre d'un seul coup toute la Garnison Françoise de Limerick. Soit reste d'attachement pour une Nation dont il étoit comme moi, soit hauteur pour le noir dessein d'un Perfide, il ne balança point à condamner la cruelle invention d'Harryfitz, & dans quelque tems qu'elle pût être proposée, il se chargea d'en arrêter l'exécution.

Cet incident ne fît qu'augmenter mes difficultés sur la conduite que je devois tenir avec le Meurtrier de M. de Schomberg. Je me serois arrêté enfin au Parti de le quitter, dès que ma santé m'auroit permis de souffrir le mouvement d'une voiture, & l'abandonnant à lui-même, j'aurois évité tous les reproches ausquels j'appréhendois de m'exposer; mais j'eus encore l'obligation au Ciel de me délivrer de cet embarras, par une voie qui sembloit justifier sa Providence. L'Ecuyer de M. le Maréchal de Schomberg avoit été dangereusement bleſſé en combattant près de ſon Maître ; & quoiqu'il ſe fût plutôt rétabli que moi, il lui reſtoit des ſuites à craindre d'un coup de balle qui lui avoit traverſé le corps. On lui conſeilla d'aller prendre les eaux de Bath ; & comme il s'étoit fait traiter long-tems dans le lieu où j'étois, il ne fut pas plutôt en état de marcher, que pour exercer ſes forces, il vint me rendre ſa premiere viſite. Notre entretien ne roula que ſur notre perte commune, & ſur les louanges d'un Maître que nous avions les mêmes raiſons de regreter. J'évitai de lui parler de Harryfitz. Mais en me quittant, il apprit qu'il y avoit dans la même Maiſon un Officier, qui étoit encore fort mal de ſes bleſſures ; & quoiqu'on ne pût lui en dire le nom, il ſe crut obligé que par l'occaſion à lui faire quelques politeſſes. Harryfitz étoit dans un fauteuil, où ſa foibleſſe le retenoit encore. Quelque changement qu'une ſi dangereuſe maladie, & la différence de l'habillement euſſent pû mettre dans ſa figure, l'Ecuyer, qui ſe nommoit Toſtat, crut le reconnoître après l'avoir obſervé quelques momens. Mes yeux me trompent-ils, lui dit-il dans le mouvement

F vj

d'une fureur qui commençoit à s'allumer ; ne vois-je pas le monstre qui a massacré barbarement mon Maître ? Et ne pouvant douter, sur quelques excuses mal arrangées qui échapperent à Harryfitz, que le jugement qu'il en avoit porté ne fût certain, ah ! traitre, s'écria-t-il en tirant son épée, comment la vengeance du Ciel t'a-t-elle épargné si long-tems ? Mais elle t'est réservée par ma main ; & sans considérer sa situation ; il le perça de plusieurs coups. Le bruit ayant attiré tout ce qu'il y avoit de gens dans la Maison, il ne marqua pas la moindre inquiétude de l'action qu'il venoit de commettre ; qu'on expose, leur dit-il, ce misérable sur le premier gibet. C'est l'assassin de M. de Schomberg. Je ne regrete que de lui avoir ôté la vie par une mort trop douce. En un moment la rage parut saisir tous les Spectateurs. Ils traiterent le cadavre avec les dernieres indignités, & l'ayant traîné par toutes les rues du Bourg, ils le partagerent en plusieurs quartiers, qu'ils attacherent dans différens lieux.

Tostat étoit repassé dans ma chambre après cette exécution. L'émotion où je le vis m'en ayant causé beaucoup, j'attendois qu'il m'expliquât ce que je ne sçavois encore que par le bruit que j'avois entendu. Il m'embrassa plusieurs fois. Je regarde ce jour, me dit-il, comme le plus heureux de ma vie. J'ai vengé notre Maître. Comment s'est-il fait, ajouta-t-il, que vous ayez eu si long-tems le traitre à deux pas de vous sans le connoître ? Cette question m'embarrassa. Mais connoissant de la raison & de l'honneur à Tostat, je pris le parti de lui expliquer tout le fond de mon avanture. Il confessa que je m'étois trouvé dans des circonstances délicates. Enfin j'en étois délivré ; & sans examiner trop à quels sentimens je devois me livrer, je priai Madame de Montcal de prendre cette occasion pour hâter notre départ.

Elle auroit souhaité que nous mettant dans une voiture assez douce pour gagner la mer, nous nous fussions associés à Tostat dans le voyage. Quelque fond qu'elle fît sur l'habileté de mon Chirurgien, son impatience étoit de me voir à Londres, pour y recevoir mille secours qu'il ne falloit point espérer en Irlande. Mais il nous restoit des intérêts précieux à régler. Nous ignorions le sort de Mademoiselle Fidert, & l'amitié ne nous permettoit pas de nous éloigner, sans avoir vû sa fortune & son repos bien établis. Quoiqu'il se fût passé plus d'un mois depuis la Bataille de la Boyne, la difficulté des communications & mes propres disgraces nous avoient ôté tous les moyens de nous informer de sa situation. J'ignorois même si elle avoit reçû sa grace, & son mari l'ordre de se rendre à son Régiment. Ma résolution étant de retourner à Greenlaster, où je m'étois bien trouvé de l'air & des alimens après mes premieres blessures, & où j'avois fait un ami, que je souhaitois de revoir, je me proposai de faire partir delà quelque personne de confiance, ou cet ami même, si je le trouvois disposé à se charger de cette commission, pour aller s'assurer à Canterstrof des changemens qui devoient y être arrivés. Tostat, qui m'entendit parler de ce dessein, s'échauffa au nom du jeune Ecke, dont le pere n'avoit pas été moins son ami que le mien. Je ne lui cachai pas les raisons qui m'intéressoient à son mariage, ni même l'inquiétude qui me restoit pour sa femme. Il se trouvoit maître absolu de lui-même par la mort de son pere, & par conséquent plus redoutable que jamais dans ses violences. Tostat qui avoit sçû combien Mademoiselle Fidert avoit été chere à M. le Maréchal, & pour qui ce souvenir étoit un motif de la servir, s'offrit à faire le voyage de Canterstrof, avec d'autant plus de confiance que le jeune Ecke n'ignoroit pas l'étroite liaison qu'il avoit eue avec son pere. Il en prit occasion de me raconter ce que j'ai déja rapporté de l'Horoscope de M. de Schomberg. L'ayant suivi dans toutes ses courses, il étoit à Lisbone avec lui, lorsqu'il s'étoit adressé au Juif qui l'avoit rempli de mille préventions aussi frivoles en elles-mêmes, qu'elles sembloient s'être trouvées justes par l'évenement. Elles avoient été jusqu'à lui faire changer le dessein qu'il avoit eu de se fixer en Hollande, par la seule raison qu'il n'y avoit point trouvé de femmes qui eussent fait impression sur son cœur, & que pour remplir la prédiction du Juif, il falloit qu'il aimât, & qu'il fût aimé. On peut la compter du moins parmi ses motifs : car il en avoit sans doute un plus puissant dans l'amitié du Roi Guillaume, qui lui avoit promis en le faisant partir avec lui pour l'Angleterre, toutes les faveurs dont il prit bien-tôt plaisir à le combler.

J'acceptai l'offre de Tostat, & je lui donnai pour guide le valet qui avoit servi Mademoiselle Fidert, avec la seule

précaution de lui recommander, non-
feulement de ne pas fe faire accompagner de ce garçon en entrant au Château, mais d'éviter même tout ce qui
pourroit rappeller à l'imagination d'Ecke
les fources de fa jaloufie. Ainfi je le priai
d'éviter jufqu'à mon nom ; ce qui ne
m'empêcha point de le charger d'une
Lettre pour Mademoifelle Fidert, par
laquelle je l'exhortois à s'ouvrir avec
confiance à celui qui l'alloit voir de la
part de Madame de Montcal & de la
mienne. Quelques allarmes que nous
euffions reffenties long-tems pour cette
chere amie, il nous parut, en confidé-
rant l'effet que la bonté du Roi avoit
dû produire fur fon mari, que nous devions mieux augurer de fon établiffe-
ment ; & jugeant trop favorablement
d'un furieux qui étoit capable de l'excès
de toutes les paffions, nous vîmes partir
Toftat avec l'efpérance de recevoir les
plus heureufes nouvelles à fon retour.
M'étant fait tranfporter à Greenlafter,
j'y paffai quelques jours dans une tranquillité qui avança beaucoup ma guéri-
fon. Le Comte de Solms, qui avoit reçû deux dangereufes bleffures à la Boyne, s'étoit retiré au Château de Perwith, où il commençoit auffi à fe réta-

blir. Il n'apprit point que j'étois si proche de lui sans me faire presser de le voir souvent. Je répondis à cette politesse avec tout l'empressement qu'elle méritoit de la part d'un Seigneur qui avoit été lié fort étroitement avec M. de Schomberg, & qui m'avoit toujours honoré d'une estime distinguée. Nous étions fort éloignés néanmoins de la familiarité; mais elle se forma si promptement dans les visites que je lui rendis, qu'étant devenus inséparables, il me confia les raisons qui lui avoient fait abandonner l'Allemagne immédiatement après la ligue d'Ausbourg. L'Electeur de Baviere, dont il aimoit la sœur, avoit regardé comme un affront qu'il eût entrepris de rendre secretement des soins à cette Princesse, & l'avoit fait menacer de toute sa vengeance, s'il continuoit de la voir sans témoins. Cet avis avoit fait garder plus de mesures au Comte; mais loin de se refroidir, il avoit cherché de nouvelles voyes pour soutenir son intrigue, jusqu'à se déguiser en femme, & se présenter à la Princesse sous le nom d'une Dame Etrangere, qui venoit implorer sa protection. Cet artifice lui avoit réussi dans plusieurs visites. Mais il fut reconnu, & quelques domestiques lui firent l'infulte de lui couper les juppes. Ne pouvant douter qu'ils n'euffent agi par l'ordre de l'Electeur, il trouva l'outrage fort fupérieur à l'offenfe ; & dans une Diete de l'Empire, où le pouvoir fouverain eft plus limité, le rang de fon ennemi ne l'auroit pas empêché de faire éclater fon reffentiment, fi l'Electeur ne l'eût prévenu luimême dans une partie de chaffe que les Princes de la Diete faifoient près d'Aufbourg. Il prit le Comte à l'écart ; & foit pour lui faire raifon ou pour fatisfaire le mouvement de fa propre haine, il lui offrit le choix de l'épée ou du piftolet. Mais dans le tems qu'ils fe difpofoient à fe traiter fans ménagement, plufieurs Officiers de la fuite de l'Electeur les furprirent ; & l'indignation qu'ils eurent de la hardieffe du Comte les auroit portés à lui faire quelque nouvelle infulte, fi leur Maître ne les eût forcés de le refpecter. Tous fes amis voyant peu de fureté pour lui dans Aufbourg, le prefferent de s'éloigner ; ce qui ne l'empêcha point avant fon départ de fe procurer encore une fois l'occafion de voir la Princeffe. Et s'ouvrant même à moi fur les termes où il étoit avec elle, il me fit entendre qu'elle n'avoit point d'éloignement pour quitter l'Allemagne avec lui. Il étoit paſſé en Hollande, où il s'étoit fait un honneur d'accompagner le Prince d'Orange dans ſon Expédition.

Madame de Montcal étoit avec moi dans les viſites que je lui rendois preſque tous les jours à Perwith. Le penchant qu'il avoit à la galanterie lui fit entreprendre de plaire à ma femme; & jugeant d'elle par l'idée que les Etrangers ſe forment des Dames Françoiſes, il crut apparemment qu'il la trouveroit diſpoſée à ſe faire un amuſement de ſes ſoins. La voye qu'il prit n'étoit pas ſans adreſſe. Madame de Montcal s'étoit liée avec la femme du Maire de Greenlaſter, qui la quittoit peu, & qui étoit ordinairement de nos voyages. Ce fut à celleci que le Comte parut d'abord adreſſer ſes ſoupirs, & ma femme y fut trompée pendant quelques jours. Mais cette Dame qui n'avoit pas moins de vertu que de beauté, n'avoit écouté les propoſitions du Comte que pour lui ôter également l'eſpérance, & qu'elle fût propre à s'en charger, & que Madame de Montcal voulût les recevoir. Enfin ſes importunités la forcerent de s'ouvrir à nous. Nous traitâmes ce récit de badinage, & je fus le premier à répondre que je féli-

citois ma femme d'avoir mérité l'estime
d'un si galant homme. Cependant le
Comte, rebuté de la Dame Irlandoise,
prit le parti de s'adresser directement à
Madame de Montcal. Elle lui fit sans
doute les réponses qui convenoient à ses
principes; mais lorsqu'elle voulut m'en
rendre compte, j'en badinai avec elle-
même, & je la priai de croire que je n'a-
vois pas besoin de ce détail pour être
tranquille sur sa tendresse & sa fidélité.
Je continuai de prendre cette avanture
du même ton, jusqu'à faire connoître au
Comte que je n'ignorois pas les dispositions de son cœur, & que j'étois ravi que
les charmes de ma femme eussent été
capables de lui faire oublier une Princesse d'Allemagne. Peut être cette affectation de sécurité fut-elle poussée trop
loin; mais quoique Madame de Montcal
affectât d'en rire aussi, elle en fut insensiblement choquée, sur-tout après un tour
que je lui fis malicieusement. Elle étoit
à jouer avec quelques personnes du voisinage, qui se rendoient aussi souvent
que nous au Château de Perwith. Je me
tenois debout derriere elle, & dans la
familiarité qui s'étoit établie entre toutes
les personnes qui composoient notre so-
ciété, je n'avois pas fait difficulté de

passer les deux bras sur ses épaules, & d'avoir les deux mains appuyées sur son sein. La vûe du Comte de Solms, qui étoit de l'autre côté de la salle, me fit naître l'envie de l'appeller d'un signe de tête; & retirant doucement mes mains, je l'invitai sans bruit à prendre la place & la posture où j'étois. Il le fit si adroitement que Madame de Montcal n'eut pas la moindre défiance que ce fût un autre que moi. Pendant ce tems, je me rendis de l'autre côté de la table, où je demeurai quelques momens derriere le fauteuil de celui qui étoit vis-à-vis d'elle. Ses yeux s'éleverent sur moi, & se baisserent ensuite sur son jeu, sans qu'elle parût frappée de la moindre réflexion. Mais les ayant levés pour la seconde fois, je remarquai qu'elle me considéroit attentivement; & quittant tout d'un coup sa place avec un cri de surprise & d'effroi, elle se débarrassa brusquement des bras du Comte, qui fit quelques efforts pour la retenir. Ce spectacle avoit beaucoup réjoui l'assemblée; & m'animant moi-même à la joye, je fis agréablement quelques reproches à ma femme d'avoir si mal appris à me distinguer d'un autre homme. Avec beaucoup d'esprit & d'usage du monde, elle fut la seule à qui cette plaisanterie déplut. Je découvris son chagrin, & j'abrégeai une scene qu'elle ne supportoit pas volontiers. Son humeur, qui étoit naturellement enjouée, parut sombre pendant quelques jours, sans que mes caresses & mes excuses fussent capables de dissiper cette mélancolie. Enfin je lui vis plus de gayeté, mais ce ne fut point avec moi; ou si elle m'adressoit par intervalles quelque chose de vif & de badin, j'y remarquois un air de contrainte. Elle alla bientôt jusqu'à donner quelques marques d'intelligence avec le Comte. Elle lui parloit à l'oreille; elle paroissoit écouter avec plaisir ses réponses: elle applaudissoit à ses moindres actions. Cette conduite fit d'abord peu d'impression sur moi; mais j'avoue que la voyant croître par dégrés, à mesure que j'y paroissois moins sensible, elle eut enfin la force de me causer quelque inquiétude. Je devins rêveur & taciturne à mon tour. Le Comte de Solms, à qui j'avois trouvé jusqu'alors mille qualités aimables, ne me parut plus qu'un fanfaron, & l'homme du commerce le plus ennuyeux. Loin de marquer le même empressement à l'aller voir, je trouvois toujours quelques prétextes pour remettre le voyage au lendemain, & je sentois malgré moi une secrete amertume, lorsque Madame de Montcal répondoit elle-meme à mes difficultés, & trouvoit quelque bonne raison pour lever les obstacles.

L'absence de Tostat avoit duré si longtems que cette seule allarme me fournissoit tous les jours des objections contre les voyages de Perwith. Il étoit bien étrange en effet qu'il se fût déja passé plus de quinze jours sans que nous eussions reçû de ses nouvelles, & qu'il ne m'eût pas renvoyé du moins le valet que je lui avois donné pour guide. Deux jours s'écoulerent encore, pendant lesquels mes propres peines sembloient me disposer à la compassion pour celles d'autrui. Enfin je vis arriver mon valet, qui s'offrit à moi d'un air si triste & si agité, qu'il me fit présentir une partie de sa commission. Je n'en attendis du moins rien d'heureux pour Mademoiselle Fidert, quoique ce ne fût point encore sur elle que la fortune avoit fait tomber ses plus rigoureux coups.

Mon valet revenoit chez moi par ses ordres; car Tostat ne vivoit plus. Il étoit parti, non du Château de Canteſtrof, mais de celui de Rekbik, qui étoit tombé à Mademoiselle Fidert avec l'héritage de son frere. Après m'avoir préparé à d'affreuses nouvelles, il m'apprit que Tostat ayant suivi mes conseils en arrivant au Château d'Ecke, avoit feint de n'y être amené que par les tendres sentimens qui l'avoient attaché au pere, & par le désir de se consoler de sa perte avec le fils d'un ami si cher. Ecke lui avoit fait d'abord un accueil fort civil, & cette politesse avoit duré dans leur premier entretien jusqu'aux questions que Tostat avoit commencées sur le Messager & les dépêches qu'il avoit dû recevoir du Camp de la Boyne. Les mêmes soupçons qui l'avoient empêché d'obéir aux ordres de son Général & de son Pere, lui avoient fait naître dans l'esprit la plus cruelle défiance. Il s'étoit imaginé tout d'un coup qu'un homme si bien instruit de l'ordre qu'il avoit reçû, devoit avoir eu quelque part aux intentions qu'il avoit supposées à M. le Maréchal & à son Pere ; c'est-à-dire, que s'étant persuadé alors que le dessein de M. de Schomberg & celui de son Pere, en le rappellant d'une maniere si extraordinaire, & si long-tems avant le terme qui avoit été imposé à son exil, n'étoit que de lui enlever sa femme, dans l'opinion où il les supposoit toujours qu'elle étoit

sa

sa Maîtresse, il crut qu'après leur mort Tostat pensoit encore à l'exécution de leur entreprise. S'il ne s'emporta point sur le champ aux dernieres violences, ce fut par la seule considération qu'il crut devoir à un homme qui avoit été l'ami de son Pere. Il se contraignit, pour le traiter avec des égards forcés, dont il lui tardoit de voir bien-tôt la fin. Mais n'ayant pû se dispenser de lui laisser prendre quelques jours de repos dans sa maison, il ne se fut pas plutôt apperçû qu'il avoit cherché l'occasion d'entretenir sa femme à l'écart, qu'il prit avec lui l'air le plus froid, tandis que d'un autre côté il força Mademoiselle Fidert de garder son Appartement.

Il ne fut pas difficile à Tostat, que j'avois prévenu en lui communiquant toutes mes lumieres, de pénétrer une partie des mouvemens jaloux qui l'agitoient. Cependant le désir d'exécuter fidelement sa commission lui fit affecter d'avoir les yeux fermés sur toutes les apparences. Il avoit déja remis ma Lettre à Mademoiselle Fidert, & le récit qu'elle lui avoit fait de ses peines l'ayant persuadé qu'elle avoit besoin plus que jamais d'être secourue, il avoit renouvellé le conseil qu'elle avoit reçu de moi par ma premiere Lettre, de se rendre dans ses propres Terres, où elle pouvoit se mettre à couvert des violences d'un mari si furieux, aussi long-tems du moins qu'il différeroit la déclaration de leur mariage. Ce conseil supposoit dans ma Lettre, qu'Ecke dût se rendre aux ordres de M. le Maréchal, qui le rappelloient à l'Armée; mais les circonstances étant changées, il devenoit une imprudence, par laquelle Mademoiselle Fidert se laissa d'autant plus facilement entraîner que dans la bouche d'un homme qui lui venoit de la part de Madame de Montcal & de la mienne, elle le regarda au contraire comme le sentiment de ses amis, & comme le meilleur parti qu'elle eût à choisir. Sa résolution fut hâtée par quelques incidens qui redoublerent ses craintes. Tostat ayant employé toute son adresse pour la voir, eut le malheur de ne pas échapper aux yeux qui l'observoient. Les ménagemens qu'on eut pour lui ne servirent qu'à échauffer la fureur dont Mademoiselle Fidert ressentit les marques. Elle ne balança plus à partir; & pour se mettre à couvert de toutes sortes de nouveaux soupçons, elle résolut de se faire conduire par mon valet, qui étoit dans le voisinage du Château, tandis que Toſtat demeureroit quelques jours près d'Ecke, avant que de la rejoindre.

Son départ jetta ce furieux dans des tranſports qui ne peuvent être repréſentés. Il ne pouvoit les tourner ſur Toſtat qui ne s'étoit point éloigné de ſa maiſon, & qui avoit même évité de prendre part aux mouvemens que Mademoiſelle Fidert s'étoit donnés pour les préparatifs de ſa fuite. Cependant lorſqu'il le vit prêt à le quitter, ſa jalouſie trop éclairée lui fit comprendre que le tems qu'il avoit paſſé chez lui depuis le départ de ſa femme, pouvoit n'être qu'un voile pour couvrir leur intelligence. Il le fit ſuivre. La Terre de Rikſek étoit à trente milles de Canterſtrof. L'Eſpion qui étoit attaché à ſa ſuite, crut avoir tout obtenu, lorſqu'il ſe fut aſſuré que Mademoiſelle Fidert étoit au même lieu; il porta auſſi-tôt cette importante nouvelle à ſon Maître.

Notre amie s'étoit rendue coupable d'une nouvelle imprudence, en négligeant de marquer elle-même à ſon mari le lieu de ſa retraite & les motifs de ſa fuite. N'eût-elle eu pour prétexte que le délai qu'il apportoit encore à la publication de ſon mariage, perſonne ne l'auroit condamnée de se retirer dans sa maison paternelle, & d'y attendre qu'il la revêtît d'un titre, sans lequel il ne lui convenoit plus de vivre avec lui. D'ailleurs, il avoit différé jusqu'alors à faire revêtir la grace qu'elle avoit obtenue du Roi, des formalités qui étoient encore nécessaires du côté des Tribunaux d'Irlande; & cette raison étoit une excuse de plus, puisqu'il n'y avoit rien de si pressant pour elle que de s'assurer la jouissance tranquille de ses biens. Mais en arrivant à Riksek elle devoit une Lettre à son mari. Il étoit peu nécessaire aussi que Tostat marchât sur ses traces; & son zéle manquoit encore de prudence, après avoir reconnu que la jalousie d'Ecke s'attachoit particulierement à lui. Aussi son malheur ne fut-il regreté de personne. Ecke se mit en marche sur les premiers éclaircissemens qu'il reçut de son Courrier. Il se les fit confirmer dans le voisinage de Riksek; & n'en demandant point d'autres pour se croire autorisé à la vengeance, il fit appeller Tostat; il le força de se battre sans un mot d'explication; & sa fureur fut assez heureuse pour le tuer du premier coup. Peut-être réservoit-il le même châtiment à sa femme. Mais sur quelque défiance que mon valet lui fit naître en voyant appeller Toſtat par un inconnu, elle prit des meſures aſſez promptes pour ſe faire un azile impénétrable de ſa maiſon. Ecke, qui ne manqua point de s'y préſenter avec audace, comprit en la voyant défendue par quelques gens armés, qu'on s'étoit mis en état de ne pas craindre ſes violences. Ne pouvant tirer aucun droit de ſon mariage, qui n'étoit pas connu dans la Terre de ſa femme, & n'oſant même ſe promettre de la ſureté après l'excès auquel il venoit de s'emporter, toute ſa rage n'empêcha point qu'il ne prît le parti de la fuite.

C'étoit dans la douleur de cette nouvelle infortune que Mademoiſelle Fidert m'avoit dépêché mon valet, avec une Lettre où elle imploroit le ſecours de mon amitié. Elle me déclaroit, que n'ayant plus ni de repos, ni même de ſureté à eſpérer pour ſa vie, avec un mari dont elle connoiſſoit le terrible caractere, elle étoit réſolue non-ſeulement de ſe mettre à couvert de ſes fureurs par une ſéparation perpétuelle, mais de faire caſſer, s'il étoit poſſible, un ſi malheureux mariage. Elle me conjuroit de ne pas quitter l'Irlande ſans faire le voyage de Rikſek avec Madame de Montcal;

& si elle étoit assez heureuse pour se dégager de ses chaînes, elle nous faisoit entendre que son dessein étoit de vendre son bien & de repasser en Angleterre avec nous.

Nous fûmes vivement touchés de sa situation. Le malheur de Tostat ne nous auroit pas moins affligés, s'il ne se l'étoit attiré comme volontairement par l'indiscretion de son zéle. Je trouvai même, en interrompant mon valet, quelques raisons de croire qu'il étoit entré dans ses services une autre sorte d'intérêt, qui convenoit peu à un homme d'honneur dans les tristes circonstances où il avoit trouvé Mademoiselle Fidert. Les soupçons d'Ecke n'avoient pas été sans fondement. Tostat avoit pris de l'inclination pour sa femme ; & peut-être s'étoit-il flaté, en la suivant dans sa Terre, de tirer quelque avantage de son embarras pour s'établir dans son cœur. Elle me confessa elle-même que c'étoit lui qui lui avoit inspiré la premiere idée de faire rompre son mariage ; & que la lui voyant recevoir avec ardeur, il n'avoit pas fait difficulté de se proposer à elle pour succéder aux droits qu'il vouloit faire perdre à son mari. Mais sans se croire celui de s'en offenser, elle avoit rejetté une proposition qui ne s'accordoit pas désormais avec le dégout qu'elle avoit pris pour l'amour. Je ne me suis arrêté à cette remarque que pour me justifier de la mort de Tostat, à laquelle on pourroit m'accuser d'avoir contribué en l'engageant au voyage de Canterstrof.

Madame de Montcal, à qui les intérêts de Mademoiselle Fidert étoient presqu'aussi chers que les nôtres, approuva beaucoup le dessein qu'elle avoit de faire casser son mariage, & m'excita vivement à ne rien épargner pour lui rendre un si important service. En le désirant autant qu'elle, je n'y voyois point toute la facilité qu'elle se figuroit. Cependant je me rendis à l'empressement qu'elle me marquoit aussi pour lui porter quelque consolation dans sa retraite. Et mon intérêt m'y parut mêlé, parce que c'étoit m'éloigner du Comte de Solms, qui commençoit à me causer des inquiétudes sérieuses, quoique j'eusse encore honte de me faire cet aveu à moi-même. Un mouvement dont je ne pus me défendre, me fit saisir cette occasion de satisfaire ma jalousie. Vous ne craignez donc point, dis-je à ma femme, de regreter Perwith & tous les agrémens qu'il paroît avoir pour vous. Ma rougeur m'auroit trahi, quand Madame de Montcal n'auroit pas connu aussi bien que moi la cause de cette demande. Elle me regarda pendant quelques momens d'un air satisfait ; & m'embrassant ensuite avec le mouvement d'une vive tendresse, Ah ! me dit-elle, vous n'êtes donc pas aussi insensible à la jalousie que vous avez affecté de le paroître, & vous concevrez peut-être à la fin ce qu'il m'en coute, lorsque je vous vois comme indifférent pour les prétentions qu'un autre a sur mon cœur. Nos explications furent aisées après cette ouverture. Je convins qu'en effet il y a une jalousie inséparable de l'amour, qui mériteroit peut-être un meilleur nom pour la distinguer de la noire fureur dont Ecke étoit un exemple, & qui doit être respectée mutuellement entre deux personnes qui font profession de s'aimer. Si je me rendois témoignage que c'étoit la vivacité de ma tendresse qui me l'avoit fait sentir, je devois être charmé de reconnoître aux mêmes marques que j'étois aimé avec la même ardeur, & rendre graces à ma femme d'avoir réveillé le sentiment de mon bonheur par une si bonne leçon.

Ma santé n'étoit pas si bien rétablie

que je n'eusse besoin de la ménager par des attentions continuelles, sans quoi je ne me serois pas crû dispensé de rejoindre nos Troupes, qui continuoient le siége de Limerick. Mais l'hiver qui commençoit à s'approcher, me forçant de garder encore plus de précautions, je consentis à l'aller passer chez Mademoiselle Fidert, du moins s'il n'arrivoit rien de la part de son mari, qui nous obligeât plutôt de la quitter. Dans d'autres circonstances j'aurois eu plus d'égards pour les noires imaginations de ce furieux, & je ne me serois pas exposé à me faire soupçonner encore de chercher sa femme par d'autres motifs que ceux de l'amitié; mais lorsque sa jalousie ne distinguoit personne, & qu'elle lui faisoit étendre indifféremment sa haine sur tout ce qui avoit eu quelque rapport à elle, je ne crus devoir aucun ménagement à de si odieux caprices, d'autant plus que la présence de Madame de Montcal suffisoit pour justifier mes intentions. Nous arrivâmes à Riksek dans un tems où notre visite ne pouvoit jamais lui causer plus de joie. Quelques anciens amis de sa famille étoient venus l'avertir qu'Ecke avoit paru aux environs de sa Terre avec une Troupe de gens armés ; & le bruit de son avanture s'étant répandu par les démarches qu'il avoit faites pour donner une couleur de justice à ses prétentions, on ne doutoit point qu'il ne fût résolu d'employer la violence des armes pour se faire ouvrir les portes de Rikſek. Mademoiselle Fidert déja tremblante, n'avoit point d'autre ressource que dans le secours de ceux qui lui donnoient cet avis ; mais ils étoient trop peu aguéris pour la rassurer, & ma présence lui parut valoir une armée. Je lui promis en effet qu'aussi long-tems qu'il me resteroit un souffle de vie, j'employerois toutes mes forces pour la défendre. J'avois quatre domestiques qui valoient les meilleurs soldats. Les siens, quelques paysans de sa dépendance, & les trois honnêtes gens qui s'étoient réunis pour l'avertir, suffisoient d'abord pour nous garantir de la surprise. J'observai la situation de sa maison. Elle étoit défendue par un large fossé, comme la plupart des châteaux d'Irlande. Avec un peu de vigilance & de résolution, je conçus qu'il falloit du canon pour nous forcer.

Je tournois encore nos préparatifs de défense en badinage ; mais quelques paysans que j'envoyai à la découverte me rapporterent qu'ils avoient vû effectivement vingt Cavaliers bien armés qui se tenoient à couvert derriére un bois, & qui attendoient vraisemblablement la nuit pour exécuter leur dessein. Il n'y eut point alors de précautions qui me parûssent inutiles. J'armai de tout ce qui me parut propre au combat, ceux qui étoient disposés à se conduire par mes ordres. Je les postai dans les lieux par où je me défiai qu'on penseroit à nous surprendre, & choisissant pour moi-même & pour mes quatre domestiques un poste d'où j'étois sûr que nos pistolets, qui étoient nos seules armes à feu, feroient une terrible expédition, j'attendis tranquillement l'ouverture du siége. Cependant il me vint à l'esprit, avant la fin du jour, d'employer une voye plus douce pour écarter nos ennemis. Comme ils ignoroient qu'ils dûssent trouver tant de résistance, je me flatai qu'en apprenant qu'ils étoient attendus, & que c'étoit à moi qu'ils auroient à faire, ils pourroient se refroidir dans leur entreprise. Un paysan, à qui je crus découvrir quelque esprit, reçut ordre de moi d'aller au devant d'Ecke, & de se procurer l'occasion de lui raconter tout ce qui se passoit au Château de Riksek. Je

G vj

lui recommandai de groſſir un peu les circonſtances, & de faire valoir ſur-tout nos armes, qui avoient beſoin de beaucoup d'exagération pour paroître redoutable à nos ennemis ; car à la réſerve de celles que j'avois apportées, elles ne conſiſtoient qu'en deux mauvais fuſils dont je n'aurois pas cru pouvoir me ſervir ſans riſque. J'avois fait prendre aux gens de Mademoiſelle Fidert des fourches, des broches, & tout ce qui s'étoit préſenté dans un Château, qui reſſembloit à une Métairie plus qu'à une Place de guerre.

Mon ſtratagême eut une partie de l'effet que je m'en étois promis. Ecke ſurpris de voir ſon projet éventé, abandonna le deſſein de l'attaque ; mais ce fut pour former une réſolution à laquelle je ne m'étois point attendu. Après nous avoir laiſſés tranquilles pendant la nuit, il m'envoya le matin un de ſes gens, avec une lettre injurieuſe par laquelle il me reprochoit ma perfidie, & dont la concluſion étoit de me défier au combat. Il m'attendoit ſeul, diſoit-il, ou en nombre égal à celui dont je voudrois me faire accompagner. Avant que de communiquer cette lettre aux deux Dames, j'examinai mûrement quelles loix l'honneur m'impofoit. Devois-je accepter le défi d'un furieux avec qui je n'avois rien de perfonnel à démêler, & contre lequel je ne prenois parti que pour rendre fervice à un femme douce & innocente ? Mes réfléxions me perfuaderent que, loin de me faire applaudir par les honnêtes gens, je mériterois d'être accufé moi-même d'emportement & de légereté ; fans compter que ç'eût été juftifier les bruits qu'Ecke avoit répandus contre l'honneur de fa femme, & me mettre au rang de Toftat, dont perfonne n'avoit plaint l'infortune. Je pris donc le parti de faire une réponfe modérée, par laquelle j'exhortois Ecke à prendre des voyes moins violentes pour faire renaître à fa femme le défir de vivre avec lui ; & par rapport au combat qu'il me propofoit, je l'affurai que ne lui portant aucune haine, je ne voulois me battre qu'autant que j'y ferois forcé par la générofité & la juftice, pour défendre une femme que j'eftimois, & qui étoit liée d'une étroite amitié avec la mienne. J'eus foin, tandis que j'écrivois cette lettre, de donner quelques ordres militaires qui furent entendus du Meffager ; & je le chargeai, en le renvoyant, de déclarer à fon maître que, s'il devoit craindre peu que je le pourfuiviſſe; il devoit s'attendre auſſi d'être reçû avec toute la vigueur par laquelle je croyois m'être aſſez fait connoître.

J'ai ſçû que ma réponſe l'avoit mis en fureur. Il s'approcha du Château en plein jour. Il en fit le tour pluſieurs fois, comme s'il eût cherché quelque paſſage pour affronter tous les périls. Mais le ſoin que j'eus de préſenter mes gens à chaque face, en leur faiſant traverſer le corps de Logis à meſure qu'il faiſoit le tour du foſſé, lui perſuada qu'ils étoient quatre fois du moins en auſſi grand nombre qu'il les voyoit de chaque côté. Il ſe retira ſans avoir lâché un coup de fuſil. Je le fis ſuivre. On me rapporta vers le ſoir qu'il s'étoit poſté dans le même bois où il avoit paſſé la nuit précédente, & je ne le crus pas réſolu d'abandonner ſon entrepriſe, puiſqu'il s'obſtinoit à ne pas s'éloigner.

Cependant Mademoiſelle Fidert étant plus déterminée que jamais à faire caſſer ſon mariage, je lui conſeillai de commencer promptement les premiéres procédures; ne fut-ce que pour intéreſſer les Tribunaux de la Juſtice à la délivrer de cette oppreſſion. Nous fîmes partir l'Intendant de ſes affaires pour Armagh, qui étoit dans le voisinage, avec ordre non-seulement de présenter sa requête aux Juges, mais de demander sur le champ main forte, pour donner la chasse à vingt brigans qui jettoient autant d'allarmes dans le pays, qu'ils en avoient causé dans le Château qu'ils vouloient attaquer. Les Compagnies de Justice ne sont pas mieux armées en Irlande qu'en Angleterre : cependant il parut si choquant aux Juges d'Armagh qu'on vînt braver leur autorité à si peu de distance de leur Tribunal, qu'ils obtinrent du Gouverneur du Château quarante soldats de sa Garnison ; & mon nom n'étant que trop connu en Irlande depuis l'affaire de Tilpenny, ils me chargerent, en m'envoyant ce détachement, de le commander au nom du Roi pour la défense du pays. Je m'attendois si peu à recevoir ce secours, qu'apprenant à l'entrée de la nuit qu'on voyoit approcher du Pont une Troupe considérable de gens de pied, je ne doutai point que ce ne fût Ecke, qui avoit fait quitter ses chevaux à ses gens pour nous venir assiéger dans toutes les regles de la Guerre, je me crus au moment de ne plus rien ménager ; & me réjouissant de ce qu'il prenoit le tems de la nuit, j'espérai que les ténébres me feroient suppléer plus aisément par ma conduite & par la résolution dont mes Compagnons étoient remplis à l'inégalité du nombre & à la foiblesse de nos armes. Cette erreur pensa couter la vie à quelques soldats d'Armagh; car jugeant de l'endroit par lequel on pouvoit entreprendre de nous forcer, j'y avois placé toutes nos armes à feu, qui consistoient en douze pistolets & deux fusils, avec ordre de faire leur décharge au premier mouvement qu'ils entendroient à l'autre bord du fossé. Mais l'Intendant de Mademoiselle Fidert s'étant présenté seul au Pont, rendit la tranquillité aux deux Dames qui s'abandonnoient déja à toute leur frayeur. L'arrivée d'un secours si puissant nous rassurant désormais contre toutes sortes d'entreprises; je formai sur le recit de l'Intendant un dessein dont j'espérois encore plus de succès. Lorsqu'il m'eût appris que la requête de Mademoiselle Fidert avoit été reçûe favorablement, & que l'ordre étoit déja porté d'assigner Ecke pour exposer ses défenses, je résolus de lui donner avis au nom de sa femme que s'étant adressée à la Justice, elle étoit absolument hors de sa dépendance, du moins jusqu'à la conclusion du procès ; & pour donner plus de force à cette lettre, je pris le parti de la lui faire porter par le détachement d'Armagh, soutenu encore de quinze hommes que j'avois avec moi. S'il entroit dans ce deſſein quelque autre vûe que d'informer Ecke de la vérité, c'étoit de l'humilier, par la penſée que je ne voulois pas profiter de mon avantage pour le punir de ſes injures, & de le porter promptement à ſe retirer. Je défendis à l'Officier qui commandoit le détachement de lui faire la moindre inſulte ; & je voulus même que demeurant à cent pas de lui avec ſa Troupe, il lui fit porter ma lettre par un ſeul homme, qui l'avertiroit ſeulement de la grace qu'on lui faiſoit de l'épargner. Le détachement partit ; mais il ne s'étoit pas paſſé un quart d'heure que je l'entendis revenir, avec un bruit qui m'annonçoit quelque nouvel événement. Il m'amenoit Ecke qui s'étoit laiſſé prendre ſans défenſe. L'Officier, ſans avoir eu deſſein de paſſer mes ordres, avoit crû qu'ils conſiſtoient principalement à mettre nos ennemis hors d'état de nous nuire, en évitant néanmoins de combattre ; & ſi j'avois compté que la confuſion & la crainte leur feroient prendre le parti de se retirer, il s'imagina qu'il me seroit encore plus agréable de me les voir présenter prisonniers & désarmés. C'étoit un vieux Lieutenant de Grenadiers, qui avoit acquis son expérience dans les guerres de Charles II. Au lieu de faire connoître sa marche à la Troupe d'Ecke, il avoit entrepris de le surprendre. Ayant envoyé quelques-uns de ses gens aux observations, il avoit appris d'eux qu'Ecke montoit à cheval avec les siens. La nuit étoit devenue fort obscure, & c'étoit le tems qu'Ecke avoit attendu pour mettre notre vigilance à l'épreuve. Quoiqu'il ne se fût point apperçû de notre petit nombre, il avoit sçû que nous étions fort mal armés, & ses espérances s'étoient ranimées par cette nouvelle. L'Officier d'Armagh fit deux hayes de de ses soixantes hommes, & les posta des deux côtés du chemin, qui étoit bordé heureusement de deux fossés secs, où ils auroient pû se cacher sans peine ; quand ils n'auroient point été favorisés par les ténébres. Comme il n'étoit point question de voyes sanglantes, il ne leur ordonna que par précaution, de se tenir prêts à tirer. Et prenant lui-même un poste convenable à son dessein, il attendit qu'Ecke se fût engagé dans cette embufcade. Il laiffa paffer deux Cavaliers, qui marchoient comme à la découverte, cent pas devant leur Troupe. Mais les autres ne furent pas plutôt dans le piége, que fe préfentant feul à leur Chef; arrêtez, lui dit-il. Je fuis le Commandant de la Garnifon d'Armagh, & j'ai mes foldats aux deux côtés du chemin, prêts à vous paffer par les armes au moindre figne de réfiftance. Une Troupe d'Oifeaux ne fe laiffe pas envelopper plus facilement dans les filets du Chaffeur. A moi mes gens, s'écria l'Officier, & quartier pour ceux qui fe rendront de bonne grace. Le bruit de foixante hommes qui n'avoient qu'un pas à faire pour appuyer le bout du fufil fur les reins de chaque Cavalier, acheva de rendre Ecke & fa Troupe immobile. Ils mirent pied à terre au premier ordre du Lieutenant d'Armagh, qui fit garder leurs chevaux & leurs armes par vingt de fes foldats, tandis que les quarante autres fe mirent en état de conduire leurs prifonniers, fans crainte de les voir manquer de foumiffion.

L'embarras où m'alloit jetter cette nouvelle fcéne me fit balancer fi je devois donner des louanges à l'Officier, ou lui faire un reproche de ne s'être pas conformé plus exactement à mes ordres. Le reste néanmoins avoit été conduit avec beaucoup de sagesse. En arrivant au Château, il avoit laissé les Cavaliers d'Ecke à quelque distance du Pont, sous la garde de son détachement ; & ne s'étant présenté qu'avec mes quinze hommes, ausquels il avoit livré Ecke pour me l'amener, il se hâta même d'entrer avant eux, & de venir m'annoncer un succès que je ne désirois pas. Mademoiselle Fidert jetta un cri de frayeur en apprenant que son mari alloit paroître. Je pensai comme Madame de Montcal qu'il falloit leur épargner à l'un & à l'autre le désagrément de cette entrevûe ; & n'ayant moi-même aucun fruit à tirer de voir Ecke, je pris le parti de le faire conduire dans ma chambre, où je donnai ordre qu'il fût gardé soigneusement.

De quelle utilité nous étoit-il en effet de l'avoir entre nos mains ? Nous n'avions point de vengeance à tirer de lui par des voyes basses, & nous étions encore plus eloignés de le livrer à la Justice d'Armagh, qui auroit pris connoissance aussi-tôt, non-seulement de la hardiesse qu'il avoit eue d'armer sans droit & sans autorité, mais de la mort de

Toſtat qui avoit été tué par ſa main. Dans le deſſein où nous étions de faire caſſer ſon mariage, il étoit à ſouhaiter au contraire qu'il eût la liberté de produire ſes défenſes, ſans quoi cette affaire auroit traîné en longueur. Et puis toutes ſortes de Loix auroient fait un crime à Mademoiſelle Fidert de livrer au châtiment un homme qui avoit commencé à prendre ouvertement la qualité de ſon mari. Cependant l'emploi dont j'avois conſenti à me charger au nom du Roi, ſembloit me faire un devoir de rendre compte de mes Priſonniers au Tribunal d'Armagh. Je ne vis qu'un moyen de finir cet embarras; ce fut de faire garder Ecke plus négligemment que je ne l'avois ordonné, & de lui faciliter ſans affectation quelque voye pour ſe ſauver. On m'étoit déja venu raconter que dans le reſſentiment de ſe voir gardé avec cette rigueur, autant que dans le chagrin d'avoir manqué ſon entrepriſe, il gardoit un ſilence obſtiné, qui dans un caractere tel que le ſien étoit la marque de la plus noire fureur. Il pouvoit nous ſoupçonner de tous les excès dont il auroit peut-être été capable, c'eſt-à-dire, de penſer à nous venger par nos propres mains, ou du moins par celles de la Juſtice. Et qui me répondoit que dans cette crainte il ne s'oubliât point jufqu'à tourner les fiennes contre lui même ? J'étois dans un pays où ces exemples étoient familiers, & ç'eût été une autre peine pour Mademoifelle Fidert & pour moi, qu'un événement de cette nature auroit expofés à mille fâcheux foupçons.

Enfin je me déterminai à lui laiffer tant de facilité pour fuir, qu'il en profita dès la même nuit. Je voulus même que pour lui laiffer le tems de s'éloigner, on ne répandît pas tout d'un coup le bruit de fa fuite. Il n'y eut perfonne qui ne fût perfuadé qu'il étoit forti du Château. Je l'étois moi-même, jufqu'à n'en pas reffentir le moindre doute le lendemain, après quelques recherches affectées dans les Campagnes voifines, je renvoyai à leur Garnifon l'Officier & le détachement d'Armagh. Les vingt Cavaliers d'Ecke n'étant pas plus à craindre que lui fans armes, je leur fis rendre la liberté & leurs chevaux, après leur avoir juré que leurs armes, dont je m'étois emparé pour la défenfe du Château, me ferviroient à les punir fans quartier, s'ils s'arrêtoient un moment dans le Canton. Ils s'éloignerent promptement ; & je ne pus en douter, fur le rapport de plusieurs personnes que j'avois envoyées à leur suite. Deux jours que je crus devoir passer encore au Château, avant que de me rendre à Armagh, où la bienséance m'obligeoit de voir le Gouverneur du Château, & le Tribunal qui m'avoit confié la défense du pays, acheverent de dissiper toutes mes défiances. Je laissai ma femme avec Mademoiselle Fidert, sous la garde de deux de mes gens & des domestiques de la maison. Mais Ecke n'étoit pas si loin que je le pensois. Il n'étoit pas sorti du Château. S'étant caché dans un grénier, avec l'espérance de saisir quelque moment pour se venger, la faim l'avoit forcé d'en sortir la nuit suivante, & de s'adresser à la ferme du Château. N'étant point reconnu, parce qu'il avoit été vû de peu de personnes, il avoit obtenu non-seulement de quoi satisfaire à ses besoins, mais un secours inespéré, qu'il n'avoit dû qu'à son adresse. Il avoit fait tomber le Fermier & sa famille sur ce qui s'étoit passé au Château; & parlant de lui-même sans intérêt, il avoit donné un tour si spécieux à ses intentions, surtout après avoir relevé la grace qu'il avoit faite à Mademoiselle Fidert de l'épouser dans un tems où elle étoit sans fortune, & même sans sureté pour sa vie, qu'il avoit disposé des esprits si simples à regarder la conduite de sa femme comme une ingratitude & comme une injustice. Il l'avoit excusée néanmoins en la rejettant sur les conseils de Tostat & sur les miens : enfin lorsqu'il crut les avoir touchés par ses fausses insinuations, il se fit connoître pour Ecke même, qui revenoit tenter par l'artifice & la douceur ce qui lui avoit si mal réussi par la violence, & il acheva de les gagner en promettant au Fermier de le faire Intendant du Château, & à ses gens de leur accorder d'autres faveurs, qui pouvoient les flater par l'intérêt ou par l'ambition. La résolution fut prise aussi-tôt de s'unir, pour me forcer de me retirer avec ma femme, & le Fermier promit d'engager le lendemain tous ses amis dans les mêmes vûes. Ma seule qualité d'Etranger étoit un prétexte, pour soulever contre moi les esprits en faveur d'un homme de la Nation.

Ecke leur marqua sa confiance en passant avec eux le reste de la nuit & tout le jour suivant. Si ses espérances augmenterent par la facilité avec laquelle il vit entrer dans son projet quelques-uns mêmes des Paysans qui m'avoient prêté
leur

leur secours contre lui, elles furent comblées le soir, en apprenant que je me disposois à partir le lendemain pour Armagh. Il n'avoit plus de résistance à craindre, & se croyant déja le maître du Château, il attendit mon départ avec impatience. Je partis en effet, & j'emportai si peu d'inquiétude, que suivant le conseil de Madame de Montcal, je pris avec moi nos quatre domestiques, par le seul désir de paroître avec un peu plus de distinction dans un pays où l'on mesure la grandeur par le faste. Mon dessein étoit de revenir le même jour: car toute ma sécurité ne me faisoit pas croire que je pusse m'absenter la nuit sans imprudence.

A peine fus-je éloigné des murs, qu'Ecke soutenu de huit ou dix Paysans s'introduisit dans les appartemens du Château. Tout y étoit si tranquille, que les domestiques de Mademoiselle Fidert qui avoient chacun leur occupation, ne s'apperçurent point du péril qui les menaçoit. Ecke, qui se promettoit de les gagner aussi, les arrêta successivement sans violence ; & leur ayant expliqué ses intentions, il les disposa du moins à suspendre le choix du parti qu'ils avoient à suivre, jusqu'à ce que leur Maîtresse eût déclaré le sien.

Mademoiselle Fidert & Madame de Montcal étoient encore au lit. Ecke se présentant à sa femme sans s'être fait annoncer, la jetta dans une frayeur mortelle, qui se déclara aussi-tôt par ses cris. Madame de Montcal dont l'appartement étoit voisin, se hâta d'accourir. Elle ne fut pas moins frappée d'un spectacle si imprévû. Ecke s'empressa néanmoins de la combler de politesse; & comme s'il eût esperé de la mettre dans ses intérêts, il s'adressa d'abord à elle pour lui déclarer dans quelles vûes il étoit au Château. Il protesta qu'au milieu de tous ses ressentimens & de toutes ses douleurs, il étoit toujours enflammé du même amour, & qu'il alloit renoncer à tous ses desseins de vengeance, si sa femme lui donnoit le moindre signe de tendresse & de réconciliation. Il devoit ajouter qu'il renonceroit de même à toutes les fureurs de sa jalousie; & si Mademoiselle Fidert n'eût pas eu beaucoup de raisons de prendre confiance à ses promesses, elle auroit été plus embarrassée du moins à se défendre de ses instances. Mais lorsque dans le même mouvement avec lequel il venoit de parler à ma femme, il voulut s'approcher d'elle & lui faire directement les mêmes protestations, elle le repoussa avec horreur. Les larmes & les sanglots qui lui coupoient la voix, ne l'empêcherent point de rappeller toutes ses plaintes; & lui parlant ouvertement de ce qu'il sembloit feindre d'ignorer, elle parut ferme à souhaiter qu'une si malheureuse union fût incessamment rompue. Il reçut ce discours comme une insulte; & retombant dans ses fureurs, la présence de ma femme ne l'empêcha point de les exhaler en injures & en menaces. Madame de Montcal m'a dit cent fois qu'elle avoit été touchée de ses premieres expressions; mais qu'après cet étrange passage des plus vives tendresses de l'amour à l'emportement le plus brutal, elle ne s'étoit plus trouvé que de l'aversion & du mépris pour un si dangereux caractere. Comme elle ne put douter néanmoins qu'il ne fût en état de se faire respecter par la force, elle fit signe à Mademoiselle Fidert de se contraindre; & tâchant de le ramener elle-même à des termes plus modérés, elle hazarda diverses questions qui pouvoient l'engager à l'aveu de son dessein. Il ne dissimula point que si sa femme ne consentoit pas à fceller leur mariage par une confirmation publique, il étoit réfolu de l'enlever fur le champ, & de s'abandonner à toutes fortes de violences contre ceux qui entreprendroient de s'y oppofer. Les Payfans, qui étoient d'intelligence avec lui, n'avoient pas manqué de lui découvrir les armes de fes gens, parmi lefquelles il avoit reconnu les fiennes; & s'il ne s'en étoit pas muni pour entrer dans l'appartement, il fit entendre aux Dames qu'elles n'avoient point de fecours à efpérer dans un lieu où il étoit le plus fort.

L'alternative parut fi affreufe à Mademoifelle Fidert, & les circonftances néanmoins devinrent bien-tôt fi preffantes, que dans une extrémité dont elle ne pouvoit fe fauver que par la diffimulation, elle prit le parti de l'adoucir par une promeffe qui étoit démentie au fond de fon cœur pendant que fa bouche la prononçoit. Après s'être donnée à lui volontairement, lui dit-elle, c'étoit fans doute à regret qu'elle avoit penfé à rompre les nœuds de fon mariage; & lorfqu'il auroit pour elle les fentimens qu'elle croyoit mériter par fa conduite, elle lui promettoit qu'il n'auroit point à fe plaindre de fa complaisance. C'étoit s'engager beaucoup ; mais il exigea d'elle auſſi-tôt des ſacrifices qui ne lui permirent point de ſoutenir long-tems un rôle ſi forcé. M. de Montcal eſt parti pour Armagh, lui dit-il ; prions-le d'y demeurer. Si Madame, ajouta-t-il, en parlant de mon épouſe, ne peut ſupporter l'abſence de ſon mari, j'aurai ſoin de la faire conduire aujourd'hui ſur ſes traces, avec tous les égards qui ſont dûs à ſon mérite & à ſon ſexe. La mort auroit paru moins terrible à Mademoiſelle Fidert que le danger de ſe retrouver ſeule avec ſon Tiran. Elle recommença à ſe livrer aux larmes ; & dans l'amertume de ſon cœur, elle rétracta nettement des promeſſes dont elle lui reprocha d'avoir déja violé les conditions. En vain Madame de Montcal, qui l'avoit engagée à les faire par divers ſignes, renouvella-t-elle tous ſes efforts pour lui faire ſentir la néceſſité de ſe contraindre ; il fut impoſſible à la malheureuſe Fidert de faire plus long-tems cette violence à ſon cœur.

Ecke, qui n'attribua ſon obſtination qu'aux eſpérances qu'elle fondoit ſur mon retour, conçut qu'effectivement il n'avoit pas un moment à perdre pour ſe rendre le maître abſolu dans le Château.

Il abandonna le dessein de l'enlevement, dont il sentit toutes les difficultés ; & s'arrêtant à celui de me renvoyer Madame de Montcal, il la fit partir sur le champ pour Armagh, sous la conduite du Fermier, qui s'étoit déja accoutumé à le regarder comme son Maître. Et pour garder apparemment quelques mesures avec moi, il lui marqua un regret fort vif de se voir obligé par la nécessité de ses affaires à se reposer sur ses gens d'un soin qu'il auroit voulu prendre lui-même. Mademoiselle Fidert, après s'être livrée aux plaintes les plus touchantes, s'évanouit en recevant les adieux de ma femme. Il n'avoit été permis à l'une ni à l'autre de prononcer un seul mot sans témoins. Ainsi Mademoiselle Fidert ne put tirer aucune consolation de ma femme, ni moi les moindres lumieres de Madame de Montcal sur les services que notre amie pouvoit attendre de notre zéle.

Mon chagrin n'en fut que plus vif en apprenant des événemens si contraires à mon attente. De quelque maniere que je pusse les envisager, il ne me convenoit point de faire le Héros de Roman, & d'aller contester à un mari les droits qu'il avoit sur sa femme. Madame de

Montcal m'excitoit néanmoins à tout entreprendre. Elle s'étoit bien gardée en arrivant à Armagh de me chercher dans l'état où Ecke l'avoit fait partir. Elle s'étoit arrêtée dans un Fauxbourg, d'où elle m'avoit donné avis de son arrivée. Je me trouvois dans ce moment chez le Gouverneur du Château ; & n'augurant pas bien d'une nouvelle si imprévûe, j'en avois marqué sur le champ de l'inquiétude. Le Gouverneur m'avoit offert ses plus ardens services, & Madame de Montcal me pressoit de les accepter. Cependant je mettois beaucoup de différence entre le secours que j'avois donné à Mademoiselle Fidert, lorsque me trouvant près d'elle l'honneur me faisoit une loi de la défendre, & celui qui sembloit convenir aux circonstances présentes. Il falloit former un siége ; & sous quel prétexte ? Après mille réflexions, je crus que cette affaire devoit être abandonnée au Tribunal d'Armagh, qui avoit reçû la Requête de Mademoiselle Fidert, & que l'unique soin qui me fût permis par la bienséance, étoit de solliciter ses Juges en sa faveur.

Fin de la troisiéme Partie.

www.ingramcontent.com/pod-product-compliance
Lightning Source LLC
Chambersburg PA
CBHW070700100426
42735CB00039B/2376